LINDEMANN GROUP

Peter Schießl

Microsoft

Word 2019
ERSTER BAND
Schulungsbuch
mit Übungen

ISBN   979-8-525044-03-6
Print on Demand since 2019
V241025 / Lindemann Group
Herausgeber: Lindemann BHIT, München
Postanschrift: LE/Schießl, Fortnerstr. 8, 80933 München
E-Mail: post@kamiprint.de Fax: 0049 (0)89 99 95 46 83
© Dipl.-Ing. (FH) Peter Schießl, München
www.lindemann-beer.com / www.kamiprint.de

Inhaltsverzeichnis

ZUM SCHLUSS............................ 103

1. Vorwort

Gerade weil MS Word so viele Möglichkeiten bietet, muss bei der Schulung besonders systematisch vorgegangen werden. Hier im ersten Band werden die Grundlagen der Textverarbeitung vorgestellt, bis hin zu farbigen Texten, Rahmen, Tabellen und WordArt.

1.1 Die drei Stufen zur Wordheit

Der Aufbau dieser dreigeteilten Buchreihe soll es Ihnen ermöglichen, MS Word nicht nur sehr gut, sondern Schritt für Schritt zu erlernen. In der folgenden Übersicht sehen Sie die Aufteilung der drei Bände.

1.1.1 Erster Band

- **Einführung in Word**, Bedienung und Programmaufbau,
- grundlegende Textverarbeitung (Schrift- und Absatzeinstellung),
- Text gestalten mit Rahmen, Farbe, Nummerierungen und Aufzählungen,
- Tabulatoren und Tabellen, Rechtschreibprüfung, Silbentrennung,
- WordArt …

Kursziel: **kurze Texte** ansprechend gestalten, z.B. einen Geschäftsbrief oder eine Geburtstagseinladung.

1.1.2 Zweiter Band

Textverarbeitung für Fortgeschrittene mit

- Formatvorlagen, Kopf- und Fußzeilen, Seitenzahlen,
- Fußnoten und Endnoten z.B. für ein Quellenverzeichnis,
- Inhaltsverzeichnis, Zeichnen, Grafiken einfügen,
- mehr über Tabellen, Suchen und Ersetzen, Visitenkarten,
- Serienbriefe und Etiketten erstellen.

Kursziel: längere Texte effektiv bearbeiten und gestalten, z.B. einen Geschäftsbericht oder ein dreispaltiges Rundschreiben.

1.1.3 Dritter Band

Word für Spezialisten:

- Unterschiedliche Kopf- oder Fußzeilen in einem Text,
- Inhaltsverzeichnis anpassen, Index,
- automatische Nummerierung, eigene Wörterbücher,
- rationelles Arbeiten mit Shortcuts, Makros
- Satzgrundlagen und drucktechnisches Standardwissen,
- Lebende Kopfzeilen, umfangreiche Dokumente aufteilen …

Kursziel: Broschüren, Präsentationen oder eine Doktorarbeit mit Index und unterschiedlichen Kopfzeilen perfekt gestalten.

1.1.4 Sonderausgaben

Serienbriefe werden erst im zweiten Band behandelt. Beachten Sie unsere Sonderausgaben zu **Serienbriefen und Etiketten**, in denen der jeweilige Stoff zusammengestellt und durch zusätzliche Übungen erweitert wurde.

1.2 Word im Überblick

MS Word ist ein Multitalent. Ein kleiner Überblick, was möglich ist:

- **Textverarbeitung** natürlich:
  - normale Texte, z.B. einen Geschäftsbrief, schreiben,
  - gestaltete Texte mit Rahmen und Farben, etwa eine Anzeige,
  - Bilder in Texte einfügen oder im Word zeichnen, z.B. um einen Prospekt oder ein Faltblatt zu entwerfen,
  - Texte in Rahmen beliebig anordnen und mit Bildern kombinieren.

- **Serienbriefe** und Etiketten:
  - Serienbriefe, Etiketten, Briefumschläge oder Visitenkarten können farbig mit Grafiken, Linien oder Rahmen erstellt werden,
  - eine Datenbank kann angelegt oder eine Standarddatenbank (Excel, Access …) als Datenquelle verwendet werden und
  - Abfrage-Optionen ermöglichen die individuelle Anpassung: Frau Müller, Herr Müller, An Herrn Müller.

- **Lange Texte** können problemlos bearbeitet werden:
  - es kann ein Inhaltsverzeichnis oder Index automatisch erstellt,
  - ebenso können Fußnoten und Anmerkungen eingefügt oder
  - unterschiedliche Kopf- und Fußzeilen gesetzt werden, sogar
  - das Papierformat kann innerhalb eines Textes gewechselt werden.
  - Hinweis: die Aufteilung in kleine Teiltexte, z.B. eine Datei je Kapitel, ist daher zwar möglich, aber nicht mehr erforderlich.
  - Damit können neben Vereinsbroschüren und privaten Büchern auch professionell druckfertige Dokumente erstellt werden.

Erster Teil

Formatieren

Grundlegende Bedienung, Aufbau
von Word, erste Texte schreiben, formatieren und als Datei speichern

2. Tastatur und Korrektur

2.1 Ein Übungstext für die Tastaturbedienung

Sie können auf der Tastatur wie auf einer Schreibmaschine schreiben. Eine Abbildung der Tastatur folgt, wobei wichtige Tasten und Hinweise zur Eingabe am PC vermerkt sind.

➢ Starten Sie Word: Windows-Symbol (links unten), dann in der Programmliste **Word** (ganz unten bei W).

➢ **Schreiben** Sie den eingerahmten Text mit allen Fehlern, damit diese anschließend korrigiert werden können.

Im Gegensatz zur Schreibmaschine sooollte bei dem Computääär kein *Zeilenumbruch* von Hand gesetzt werden, weil das der Computer übernimmt. ¶

Denn am PC können Sie nachträglich noch die Schrift und die Gestaltung des Äxtes nach Ihren Wünschen einstellen. Eine größere Schrift benötigt jedoch mehr Platz und alle von Hand geätzten Zeilenumbrüche wären überfälllllig! ¶

Das ist der eine große Vorteil des Caputers. Der andere besteht darin, dass jeder *Fehler* jederzeit koligiert werden kann. Statt 'Tipp Ex' ein kleiner Tasten-Tipp, und der Fler ist beseitigt. ¶

Der Computer muss wissen, welche Stelle Sie bearbeiten wollen:

Cursor

♦ Dafür ist der **Cursor** da, der blinkende Strich im Text.

   ↳ An dieser Stelle können Sie Buchstaben schreiben oder löschen.

♦ Um einen Fehler zu **korrigieren** ist deshalb als erstes der **Cursor** auf den Fehler zu versetzen.

   ↳ Den Cursor können Sie mit den **Richtungstasten** je einen Buchstaben, bzw. eine Zeile bewegen oder

   ↳ mit der **Maus** an eine andere Stelle setzen: dort klicken.

   ↳ Bewegen Sie die Maus anschließend weg, damit Sie den Mauspfeil nicht mit dem Cursor verwechseln.

2.2 Die Tastatur

2.2.1 Linke Seite

♦ Die **[Esc]-Taste** (Escape = fliehen) zum Abbrechen als Taste für den Notfall, wenn Sie den Überblick verloren haben sollten, registrieren!

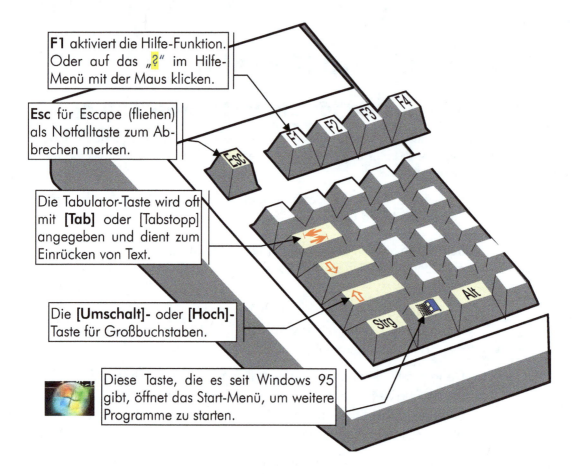

♦ Die **[Umschalt]-Taste** (oft auch als [Hoch]-Taste bezeichnet) aktiviert die **Großbuchstaben**.

 ↳ Die Taste darüber ist die **Feststelltaste**, mit der dauerhaft großgeschrieben wird, bis diese erneut gedrückt wird.

♦ Damit wir **Tastaturabkürzungen** (Shortcuts) verwenden können, gibt es links zwei Sondertasten, [Strg] und [Alt],

 ↳ z.B. **[Strg]-s** für Speichern oder [Strg]-c für Copy, also Kopieren.

 ↳ die **[Alt]**-Taste erfüllt den gleichen Zweck, ist jedoch meistens noch nicht belegt, so dass hiermit eigene Kürzel eingerichtet werden können (wird im zweiten Band beschrieben).

Notizen: ....

   ....

   ....

2.2.2 Die rechte Seite

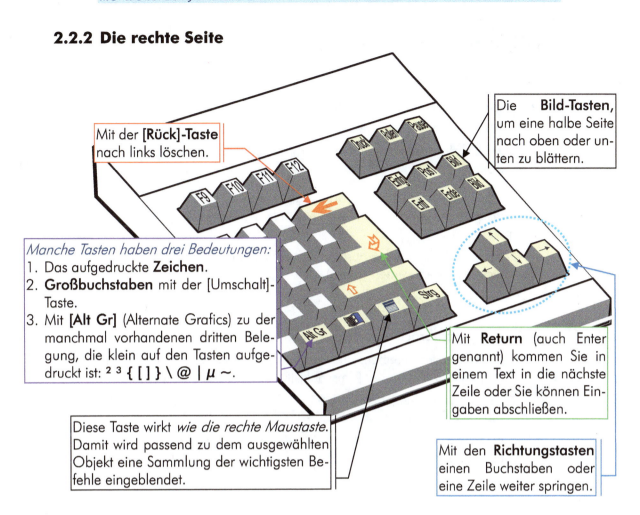

Mit der [Rück]-Taste nach links löschen.

Die **Bild-Tasten**, um eine halbe Seite nach oben oder unten zu blättern.

Manche Tasten haben drei Bedeutungen:
1. Das aufgedruckte **Zeichen**.
2. **Großbuchstaben** mit der [Umschalt]-Taste.
3. Mit **[Alt Gr]** (Alternate Grafics) zu der manchmal vorhandenen dritten Belegung, die klein auf den Tasten aufgedruckt ist: ² ³ { [ ] } \ @ | µ ~.

Diese Taste wirkt *wie die rechte Maustaste*. Damit wird passend zu dem ausgewählten Objekt eine Sammlung der wichtigsten Befehle eingeblendet.

Mit **Return** (auch Enter genannt) kommen Sie in einem Text in die nächste Zeile oder Sie können Eingaben abschließen.

Mit den **Richtungstasten** einen Buchstaben oder eine Zeile weiter springen.

Weitere wichtige Tasten:

♦ Die **[Num]-Taste** (für numerisch, rechts bei den Zahlen) schaltet das rechtsstehende separate Zahlenfeld ein.

   ↳ Beachten Sie die Kontrollleuchte über Num. Leuchtet diese, können Sie Zahlen schreiben, wenn nicht, gelten die Pfeile.

♦ Mit der **[Alt Gr]-Taste** (rechts von der Leertaste) können die auf der Tastatur klein aufgedruckten Sonderzeichen ² ³ | { [ ] } @ | µ ~ geschrieben werden.

♦ Die **Funktionstasten** F1 bis F12 sind in manchen Programmen oder Computerspielen mit Funktionen belegt. Eine Auswahl:

   ↳ **F1**   **Hilfe** oder Office-Assistenten starten.

   ↳ **F7**   Wählen des Befehls **Rechtschreibung** (Menü **Überprüfen**).

   ↳ **F8**   Erweitern der **Markierung** mit den Richtungstasten oder mit jedem weiteren Klick auf [F8]. Mit [Esc] wieder abschalten.

   ↳ **F12**   Wählen des Befehls **Speichern unter** (sonst bei **Datei**).

Tastaturen sind nicht immer identisch aufgebaut. Oft sind zusätzliche Tasten vorhanden oder Tasten weggelassen, um die Tastaturen besonders handlich zu gestalten. Und natürlich gibt es für andere Sprachen andere Tastaturen mit anderen Tasten und Tasteneinteilungen.

2.3 Absatz oder neue Zeile

Folgende Tasten sind besonders wichtig (siehe Abbildung):

- ♦ **[Return]** bewirkt im Word einen neuen Absatz (Zeichen: ¶).
  - ↳ **Absätze** sind Textblöcke wie dieser hier, den Sie gerade lesen. ¶
  - ↳ Zusätzlich kann man mit der [Return]-Taste Befehle und Eingaben bestätigen. ¶

- ♦ Mit der Tastenkombination **[Umschalt]-[Return]** kommen Sie in die nächste Zeile (=neue Zeile, Zeichen ↵), bleiben jedoch im gleichen Absatz,
  - ↳ so dass z.B. kein Absatzabstand eingefügt oder die Absatzausrichtung nicht geändert werden kann. ¶

> Dies ist ein Absatz mit drei Zeilen.

- ♦ Den **Zeilenumbruch** macht der Computer für uns!!! ¶
  - ↳ Einfach weiterschreiben, auf keinem Fall von Hand am Zeilenende jedes Mal [Return] oder [Umschalt]-[Return] drücken, ¶
  - ↳ weil Sie sonst bei jeder Änderung, z.B. der Schriftgröße, diese Umbrüche neu setzen müssten! ¶
  - ↳ Eine manuelle Zeilenschaltung ist nur bei Sonderfällen erforderlich, um z.B. eine Adresse einzugeben. ¶

2.4 Text korrigieren

- ♦ **[Rück]-Taste:** nach links löschen.

- ♦ **[Entf]-Taste** (Entfernen): nach rechts löschen.

- ➢ Bitte nach dem Eingeben des Textes alle Varianten ausprobieren und so die Fehler ausbessern.

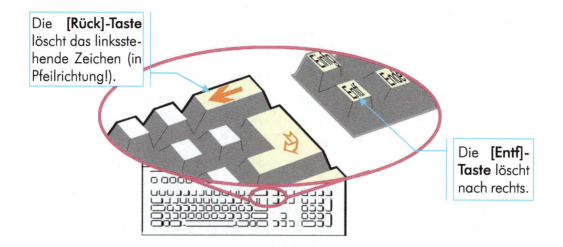

> Die **[Rück]-Taste** löscht das linksstehende Zeichen (in Pfeilrichtung!).

> Die **[Entf]-Taste** löscht nach rechts.

3. Speichern

Sie haben schon Ihren zweiten Text geschrieben und bereits schön eingestellt. Jetzt wird es höchste Zeit, diesen Text zu **speichern**.

3.1 Die Symbole für Dateien

Alle häufig benötigten Befehle sind im Word als Symbole auf dem Bildschirm abgebildet. Diese Symbole, auch **Icons** genannt, können direkt angeklickt werden.

Symbol Speichern
(das soll eine Diskette symbolisieren).

Bei **Datei** finden Sie **Neu** und **Öffnen**:
Neu: einen neuen, noch leeren Text beginnen.
Öffnen: einen früher gespeicherten Text zum erneuten Bearbeiten öffnen.
Speichern unter: eine Kopie mit anderem Namen oder an einem anderen Speicherort erstellen.

♦ Als Alternative gibt es folgende praktische **Tastaturabkürzungen**:

↳ **[Strg]-n:** neuen Text beginnen,

↳ **[Strg]-o:** vorhandenen Text öffnen und

↳ **[Strg]-s:** aktuellen Text speichern.

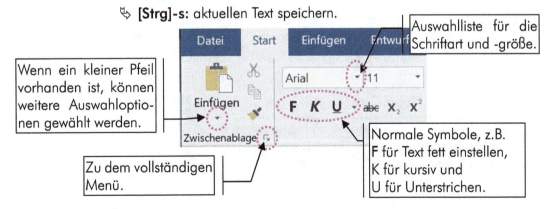

Auswahlliste für die Schriftart und -größe.

Wenn ein kleiner Pfeil vorhanden ist, können weitere Auswahloptionen gewählt werden.

Zu dem vollständigen Menü.

Normale Symbole, z.B. F für Text fett einstellen, K für kursiv und U für Unterstrichen.

♦ **Infotext** zu den Symbolen:

↳ Maus auf einem Symbol nicht bewegen: nach kurzer Zeit wird angezeigt, was das Symbol bedeutet.

↳ Bewegen Sie die Maus zu den anderen Symbolen, so wird auch deren Bedeutung gemeldet.

3.2 Das erste Speichern

Sie haben noch den **Fehlertext** geöffnet. Diesen Text sollten wir auf einen Datenträger, z.B. der Festplatte, speichern.

➢ Wählen Sie das **Speichern-Symbol** „Diskette".

3.2.1 Ordner erstellen und wählen

➢ Als nächstes sollen Sie den Speicherort bestimmen, z.B. online auf OneDrive oder lokal auf Ihrem Rechner. Wählen Sie „**Durchsuchen**", danach öffnet sich das folgende Menü zur Angabe des Speicherortes.

Der Rechner weiß noch nicht, **wohin** der neue Text abgelegt und wie der Text heißen soll. Also fragt der Computer Sie mit dem folgenden Fenster:

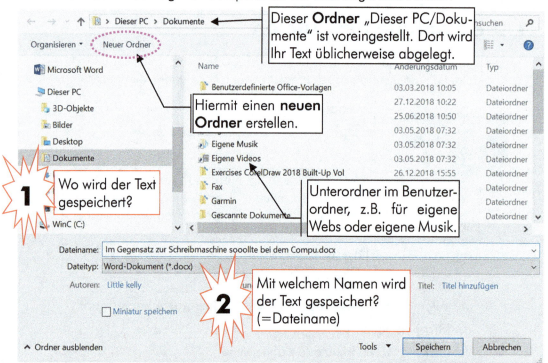

Damit Sie Ihre Übungstexte leicht von anderen Dateien unterscheiden können, sollten Sie diese in einen Unterordner „**Übungen Word 2019 – Erster Band**" speichern. In einem Computerkurs ist es natürlich zu empfehlen, die Kursnummer als Ordnername zu verwenden.

➢ Drücken Sie „Neuer Ordner":

Der neue Ordner ist bereits markiert und kann sofort mit: „Übungen Word 2019 – Erster Band" überschrieben werden, dann mit Return bestätigen.

➢ Den neuen Ordner nun noch durch **Doppelklicken** öffnen und

➢ unten im Menü den gewünschten **Namen** für diese Datei eintragen, wir wollen diesen Text als „Fehlertext" speichern.

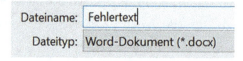

3.3 Ordner, Dateiname und Dateiendung

♦ Ein gespeicherter Text wird als **Datei** auf einem Datenträger (Festplatte, USB-Stick usw.) abgelegt.

  ↳ Sollten Sie später eine Kalkulation oder ein Computerbild erstellen, so werden dies ebenfalls Dateien auf Ihrer Festplatte.

♦ Jede Datei erhält einen **Dateinamen** und es wird eine **Dateiendung** angehängt, für Word-Dokumente ein **docx**, die Abkürzung von engl.: document.

  ↳ Internet-Seiten erhalten z.B. zur Unterscheidung die Dateiendung htm für HTML.

> Der Dateiname darf ab Windows 95 bis zu 255 Zeichen lang sein. Leertasten sind auch erlaubt, nicht jedoch folgende Sonderzeichen:
> / \ < > * ? „" | : ;
> Geht zwar, jedoch sollten Sie besser keinen Punkt verwenden, da nach einem Punkt die Dateiendung beginnt!

Dateiendung sichtbar machen:

Hier eine kurze Anleitung: im **Windows Explorer** Organisieren/Ordner und Suchoptionen, dort auf der Karteikarte Ansicht das Häkchen bei „Erweiterungen bei bekannten Dateitypen ausblenden" entfernen.

Kontrollieren Sie bei jedem ersten Speichern:

♦ **Wo** wird die Datei abgelegt (=in welchem Ordner, auf welchem Laufwerk)?

♦ Welcher **Dateiname**?

Zu den Ordnern:

♦ Weil es sehr viele Dateien gibt, werden diese in **Ordner** einsortiert. Die einzige Funktion der Ordner ist es, für Ordnung zu sorgen.

  ↳ Denken Sie einfach an herkömmliche Aktenordner. Dort werden auch passende Dokumente zusammengesucht und abgeheftet.

  ↳ Sind z.B. alle Briefe in einem Ordner C:\Texte\Briefe einsortiert, finden Sie diese jederzeit und

  ↳ Sie brauchen „Brief" nicht in jedem Dateinamen anzugeben (statt *„Brief an Walter Beispiel"* nur *„Walter Beispiel"* im Ordner *Briefe*).

Notizen: ....

....

....

....

....

....

3.4 Text oder Word beenden

Das ⊠ (X von Exit) rechts oben schließt Dokumente und Programme:

Fenster **minimieren** (unten in der Start-Leiste auf das „Word Symbol" klicken, um das Fenster wieder herzuholen).

Anzeige umschalten zwischen **Vollbild** und **Fenster**.

Mit diesem ⊠ schließen Sie den Text. Da jeder Text in einem neuen Fenster geöffnet wird, schließen Sie mit dem letzten Fenster auch Word.

- ♦ Alternativ können Sie auch im Menü **Datei** einen Text „schließen".
  - ↳ Es erscheint ein Fragemenü, sollte ein Text, bzw. dessen letzten Änderungen, noch nicht gespeichert sein.
- ➢ **Schließen** Sie den Text mit einer dieser beiden Methoden.

- ♦ **Minimieren** oder Beenden?
  - ↳ Minimieren heißt, dass das Programm weiter aktiv und im Arbeitsspeicher bleibt, es wird nur nicht mehr am Bildschirm angezeigt.
  - ↳ **Beenden** Sie deshalb besser Programme, die Sie längere Zeit nicht mehr benötigen, um den Arbeitsspeicher zu entlasten!

3.5 Über das Speichern

Weil der Rechner gelegentlich streikt und nicht mehr reagiert (in der Computersprache: **abstürzt**), sollten Sie regelmäßig speichern. Am besten, wenn eine Aktion gelungen ist oder wenn Sie bereits einigen Text geschrieben haben.

- ♦ Hinweis: wenn ein Text oder die letzten Änderungen noch nicht gespeichert waren, erscheint eine Frage:

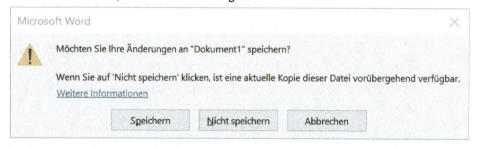

Damit Sie bei dieser Frage wissen, ob Sie einen Text speichern wollen, ist es ratsam, alle Texte, an denen Sie nicht mehr arbeiten, sofort zu schließen.

Sonst haben Sie möglicherweise am Ende eines Arbeitstages noch einige Texte geöffnet und müssen gründlich überlegen, ob Sie diese, bzw. deren Änderungen, speichern wollen oder riskieren, Änderungen, an die Sie sich gerade nicht mehr erinnern können, zu verlieren.

4. Die Schrift einstellen

Mit den Windows- und den Fenstergrundlagen sind Sie nun vertraut. Zeit, mit dem Eigentlichen anzufangen, der Textverarbeitung. Klar, dass wir auch hier wieder ganz von vorne beginnen. Wer sich damit schon auskennt, blättert einfach weiter.

4.1 Das Markieren

Bei dieser Übung lernen wir, das Aussehen des Textes zu verändern.

Forma-
tieren

- ◆ Das Aussehen eines Textes einzustellen, wird als **Formatieren** bezeichnet.
  - ✎ Sie können z.B. **folgendes** einstellen: Schriftart, -größe, **fett**, *kursiv*, <u>unterstrichen</u>, Farbe usw.

Vorgehensweise:

- ◆ Jetzt wird nicht nur ein Buchstabe, sondern ein ganzes Wort oder ein Absatz bearbeitet.

Schrift: Markieren

  - ✎ Folglich muss der Computer wissen, welches Wort oder welchen Satz Sie ändern wollen.
  - ✎ Darum muss die zu ändernde Textstelle zuerst **markiert** werden. Erst dann kann die Schrifteinstellung variiert werden.

4.1.1 Markieren geht so

- ◆ Ein **Wort** durch Doppelklicken mit der Maus.
- ◆ Ein **ganzer Absatz** durch dreimal schnell klicken.

Hier klicken.

- ◆ Eine **ganze Zeile**, indem Sie die linke Maustaste im linken Seitenrand drücken.
- ◆ **Längere Abschnitte** mit gedrückter [Umschalt]-Taste, dann [Richtungs]- oder [Bild]-Taste betätigen.
  - ✎ [Umschalt]-Taste erst loslassen, sobald die Markierung passt!
  - ✎ Sie können die [Richtungs]- oder [Bild]-Taste in die andere Richtung wählen, um die Markierung zu reduzieren.
- ◆ **Längere Abschnitte** mit der Maus: linke Maustaste gedrückt halten, dann über die zu markierende Stelle **ziehen**.

4.1.2 Übung Markieren

Wieder einen neuen Text beginnen. Schreiben Sie folgenden Text:

> Ohne Geld ging ich zum Einkaufen in den Supermarkt.

Dieser Rahmen kennzeichnet Texte, die Sie schreiben sollen.

Mit Doppelklicken kann ein Wort markiert werden. Ganz hervorragend ist folgende Ergänzung.

♦ Ein markiertes Wort können Sie mit der Maus an eine andere Position **ziehen**:

  ✎ Maus gedrückt halten, weg bewegen und den Pseudo-Cursor beachten, der die Zielstelle andeutet.

  ✎ Maus erst loslassen, wenn die richtige Position erreicht ist.

➤ Stellen Sie den obigen Satz folgendermaßen um:

> Ich ging in den Supermarkt zum Einkaufen – ohne Geld!

Weiteres zum Ausprobieren:

➤ mit dreimal klicken den ganzen **Satz** markieren (=Absatz markieren),

➤ noch einmal klicken, damit die Markierung wieder weg ist, dann

➤ den **Satz** markieren, indem Sie links davon im Seitenrand klicken.

Beachten Sie, dass Word die **Leertaste** automatisch richtig setzt!

4.2 Schrift ändern

Schreiben Sie den nächsten Text, dann wie angegeben formatieren.

> normal, **fett**, *kursiv*, <u>unterstrichen</u>, blau hervorgehoben

Es gibt drei Möglichkeiten:

♦ wählen Sie entweder bei Start die Schriftart-Abrollliste oder ein **Symbol**:

z. B. **F** für Fett

♦ oder die **rechte Maustaste** auf der Markierung drücken, im Abrollmenü anschließend **Schriftart** anklicken oder die eingeblendete Symbolleiste benutzen.

Benutzen Sie die links abgebildeten Symbole zum Formatieren. Die **Hervorhebung** wird auf der nächsten Seite erläutert. Es reicht, ein Wort anzuklicken, nur **mehrere Wörter** müssen **markiert** werden.

F K <u>U</u> ▾

4.3 Farbig hervorheben

In Word gibt es ein Symbol mit der Wirkung eines breiten **Filzmarkierers**. Sie können Textstellen damit farbig anstreichen, was auf einem Farbdrucker ebenso ausgegeben wird:

Drücken Sie den kleinen Pfeil, damit das Farbauswahlrollup erscheint.

Vorgehen:

♦ Entweder **zuerst markieren**, dann Symbol Filzmarker oder den Pfeil zur Farbauswahl drücken.

　↳ Das Markierte wird in der gewählten Farbe angestrichen.

　↳ Mit dem Pfeil können Sie eine andere Farbe wählen.

♦ Oder auf das Symbol **Filzmarker**, bzw. auf eine Farbe aus dem Farbauswahlrollup, klicken. Jetzt ist der Filzmarker sichtbar eingeschaltet und Sie können beliebige Textstellen anstreichen:

　↳ Gezielt mit gedrückter Maus anstreichen, z.B. nur den Anfangsbuchstaben oder mehrere Wörter oder

　↳ ein Wort mit Doppelklicken hervorheben oder einen Absatz mit dreimal klicken usw.

　↳ Noch einmal auf das Symbol Filzmarker drücken, um die Funktion zu beenden.

♦ Hervorhebung **entfernen**:

　↳ Zuerst Textstelle markieren, dann beim Farbauswahlpfeil anstatt einer Farbe „**Keine Farbe**" wählen oder

　↳ vorab „**Keine Farbe**", dann hervorgehobene Stellen anstreichen.

Noch einmal üben:

[Strg]-[Leertaste] setzt Schrifteinstellungen zurück.

➢ **Markieren** Sie die ganze Zeile, indem Sie links davon einmal klicken und drücken Sie [Strg]-[Leertaste].

　↳ Jetzt sind alle Einstellungen wieder zurückgesetzt, außer der Hervorhebung. Diese wie oben beschrieben entfernen.

➢ Stellen Sie alles noch einmal über **rechte Maustaste-Schriftart** ein.

In dem Menü **Schriftart** finden Sie alle Einstellmöglichkeiten zusammengefasst. Dort suchen Sie folglich nach seltener gebrauchten Formatierungen, z.B. doppelt unterstrichen, sonst die praktischen Symbole benutzen.

4.4 Schriftgröße ändern

Nicht nur für fett und kursiv gibt es Symbole. Die Schriftart und -größe kann ebenso im Schnellverfahren über folgende Schaltflächen eingestellt werden.

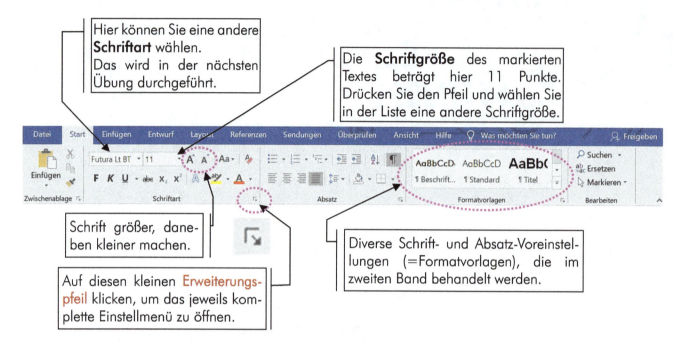

Hier können Sie eine andere **Schriftart** wählen. Das wird in der nächsten Übung durchgeführt.

Die **Schriftgröße** des markierten Textes beträgt hier 11 Punkte. Drücken Sie den Pfeil und wählen Sie in der Liste eine andere Schriftgröße.

Schrift größer, daneben kleiner machen.

Auf diesen kleinen Erweiterungspfeil klicken, um das jeweils komplette Einstellmenü zu öffnen.

Diverse Schrift- und Absatz-Voreinstellungen (=Formatvorlagen), die im zweiten Band behandelt werden.

Beginnen Sie eine neue Übung:

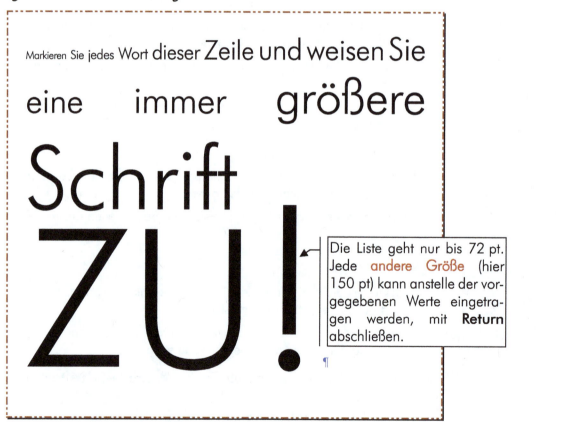

Markieren Sie jedes Wort dieser Zeile und weisen Sie eine immer größere Schrift ZU!

Die Liste geht nur bis 72 pt. Jede andere Größe (hier 150 pt) kann anstelle der vorgegebenen Werte eingetragen werden, mit **Return** abschließen.

➢ Sobald fertig, als „Schriftgröße" in unseren Übungsordner **speichern**.

4.5 Schriftart einstellen

Generell gibt es zwei Wege, um die Schriftart zu ändern:

♦ entweder über die Schaltfläche in der **Symbolleiste**

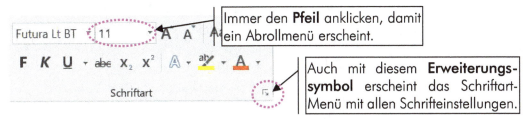

Immer den **Pfeil** anklicken, damit ein Abrollmenü erscheint.

Auch mit diesem **Erweiterungs-symbol** erscheint das Schriftart-Menü mit allen Schrifteinstellungen.

♦ oder in dem Menü **Schriftart**:

☞ Text markieren, **rechte Maustaste** auf der Markierung, dann **Schriftart** wählen. Auch mit der rechten Maustaste erscheint ein Menü mit den wichtigen Schrifteinstellungen.

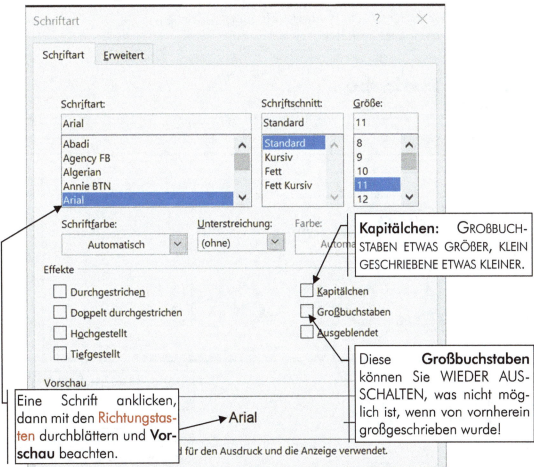

Kapitälchen: GROSSBUCH-STABEN ETWAS GRÖSSER, KLEIN GESCHRIEBENE ETWAS KLEINER.

Diese **Großbuchstaben** können Sie WIEDER AUS-SCHALTEN, was nicht mög-lich ist, wenn von vornherein großgeschrieben wurde!

Eine Schrift anklicken, dann mit den Richtungstas-ten durchblättern und **Vor-schau** beachten.

➢ **Schreiben** Sie folgenden Übungstext und ändern Sie die **Schriftart** un-gefähr wie abgebildet, abschließend als „**Übung Schrift**" speichern:

Jedes Wort, jed**e**r Buch*st*a*be eine* **andere** SCHRIFT.¶

Andere Schrift mit 20 pt.

Probieren Sie nun diese Übung:

➢ Text zuerst **schreiben**, dann wie hier abgebildet formatieren (erst Bereich oder Wort markieren, dann formatieren).

Diese Zeile bitte fett und auf 14 Punkte Schriftgröße einstellen.¶

Und in dieser Zeile sollten Sie das Wort „Unterstrichen" unter-streichen. Im Menü Schriftart kann doppelt, punktiert, gewellt oder doppelt gewellt unterstrichen werden. ¶

Statt unterstrichen oder fett ist es manchmal schöner, ein Wort durch *kursiv* hervorzuheben. ¶

➢ Wenn fertig, als „**Unterstreichung**" speichern sowie die folgende Übung als „Textfarbe".

4.6 Die Textfarbe

Es ist auch möglich, einzelne Buchstaben zu markieren, um z.B. nur die beiden O's zu vergrößern:

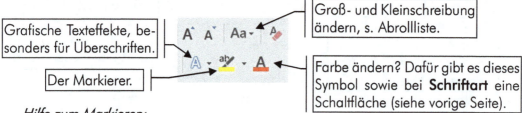

Grafische Texteffekte, besonders für Überschriften.

Der Markierer.

Groß- und Kleinschreibung ändern, s. Abrollliste.

Farbe ändern? Dafür gibt es dieses Symbol sowie bei **Schriftart** eine Schaltfläche (siehe vorige Seite).

Hilfe zum Markieren:

♦ Einzelne Buchstaben sind mit der Maus oft schwer zu markieren. Praktischer für gezieltes Markieren ist folgendes:

↳ Cursor mit den Richtungstasten vor oder hinter den Buchstaben setzen, dann die **[Umschalt]-Taste** gedrückt halten.

↳ Solange Sie die [Umschalt]-Taste drücken, können Sie mit den Richtungstasten markieren oder mit der

↳ Richtungstaste in die andere Richtung die Markierung reduzieren.

5. Absatzeinstellungen

5.1 Grundsätzliches

Absatz:
Markieren
unnötig

- ◆ Wenn Sie die **Zeichenformatierung** (Schriftart, -größe usw.) ändern, muss zuerst markiert werden, was geändert werden soll. ¶

- ◆ Anders bei den **Absatzeinstellungen:** Zeilenabstand, Abstand vor oder nach, Absatzausrichtung (links, rechts, zentriert, Blocksatz) usw. ¶
  - ↳ Diese Einstellungen gelten automatisch für den ganzen Absatz.
  - ↳ Einen neuen **Absatz** beginnen Sie mit jedem Return. ¶

- ◆ Absätze müssen deshalb nicht markiert werden. ¶
  - ↳ Sie setzen lediglich den **Cursor** in den betreffenden Absatz, indem Sie an einer beliebigen Stelle im Absatz mit der Maus klicken. ¶
  - ↳ Maus wegbewegen, damit Sie nicht den Mauspfeil mit dem Cursor verwechseln. ¶

- ◆ Darum gibt es neben der Absatzmarke (Return) eine zweite Möglichkeit: mit **[Umschalt]-Return** (= neue Zeile ↵) erzwingen Sie eine neue Zeile, bleiben aber in demselben Absatz mit den gleichen Einstellungen. ¶

> Absätze bestehen aus mehreren Zeilen. Jeder Text sollte in klar erkennbare **Absätze** strukturiert sein. Das erleichtert es dem Leser, die Zusammenhänge zu erfassen, indem nach dem Lesen eines Absatzes eine Gedankenpause eingelegt werden kann.

- ◆ Viele erzeugen Absätze, indem zweimal Return gedrückt wird.
  - ↳ Das ist keine optimale Methode, da die durch **leere Absätze** entstehenden Absatzabstände nicht eingestellt werden können.

Zur Veranschaulichung zwei Absätze mit eingestelltem Abstand:

Dies ist ein Beispieltext. Dies ist ein Beispieltext.
Dies ist ein Beispieltext. Dies ist ein Beispieltext.
Dies ist ein Beispieltext. Dies ist ein Beispieltext.
Dies ist ein Beispieltext. Dies ist ein Beispieltext. ¶

Dies ist ein Beispieltext. Dies ist ein Beispieltext.
Dies ist ein Beispieltext. Dies ist ein Beispieltext.
Dies ist ein Beispieltext. ¶

Der Absatzabstand.

5.2 Absatzmarken anzeigen

Jeder **Absatz** wird durch eine Absatzmarke beendet. Später im Fortschrittsband ist der Unterschied zwischen einem neuen Absatz und einer neuen Zeile äußerst wichtig, doch auch jetzt schon wird die Arbeit mit einem Text erleichtert, wenn wir die Absatzmarken sehen. ¶

> Absatzmarken oder Zeilenschaltungen sind sogenannte Formatie-rungszeichen, also Zeichen, die zwar am Bildschirm angezeigt und in der Datei gespeichert, jedoch nicht mit ausgedruckt werden.

Um Ihnen die Orientierung zu erleichtern, sind auf diesen und den folgenden Seiten die Absatzmarken (¶) und Zeilenschaltungen (↵) mitgedruckt.

Absatz-marke

Die Anzeige können Sie auf zwei Wegen veranlassen: ¶

- ◆ Dieses Symbol schaltet alle Formatierungszeichen ein oder aus.

Mit diesem **Symbol** können Sie jedoch nur alle Formatierungszeichen ein-, bzw. ausblenden. Wenn Sie gezielt wählen wollen, was Sie am Bildschirm se-hen wollen, geht dies folgendermaßen:

- ➢ Bei **Datei** in der Abrollliste „**Optionen**" anklicken, dann links **Anzeige** wählen.

- ➢ Probieren Sie, die Absatzmarken und Leerzeichen dort einzublenden.

Entweder unten „**Alle…**" einschalten oder einzelne Optionen auswählen.

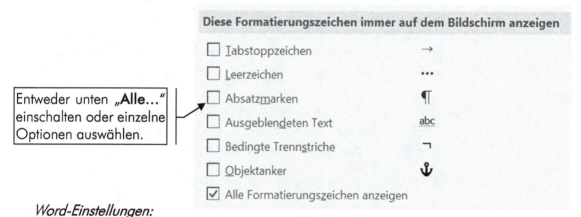

Word-Einstellungen:

- ◆ Alle Word-Einstellungen sind dort bei **Datei-Optionen** zusammenge-fasst.
  - ✎ Bei dem Menüpunkt **Anzeigen** können Sie die Anzeige einiger Ele-mente ein- oder ausschalten.
  - ✎ Bei **Erweitert** finden Sie eine lange Liste mit allen weiteren Einstel-loptionen von Word.

Absatzmarken eingeschaltet? Dann probieren Sie die folgende Übung:

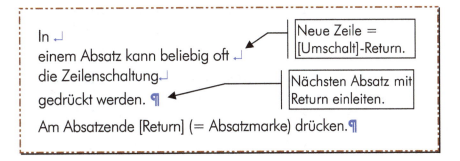

In ↵

einem Absatz kann beliebig oft ↵   Neue Zeile = [Umschalt]-Return.

die Zeilenschaltung↵

gedrückt werden. ¶   Nächsten Absatz mit Return einleiten.

Am Absatzende [Return] (= Absatzmarke) drücken.¶

Erläuterung:

Ein **Absatz** ist ein zusammenhängender Textblock.

Damit Sie vor und nach diesem Absatz einen **Abstand** oder diesen Absatz komplett links- oder rechtsbündig einstellen können, sollten Sie **Return** nur am Absatzende, sonst Word die Zeilenumbrüche setzten lassen und nur bei Bedarf innerhalb des Absatzes **[Umschalt]-Return** für eine neue Zeile drücken.

5.3 Ausrichtung

Das waren die unerlässlichen Grundlagen. Jetzt werden Absätze bearbeitet. Und das Wichtigste ist die Ausrichtung des Absatzes, wobei Sie wieder die **Symbole** (anstelle dem Menü Absatz) benutzen sollten, weil dies der schnellere Weg ist:

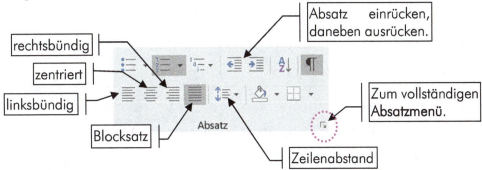

rechtsbündig

zentriert

linksbündig

Blocksatz

Absatz

Absatz einrücken, daneben ausrücken.

Zum vollständigen Absatzmenü.

Zeilenabstand

Neue Übung:

Ich bin **linksbündig** ausgerichtet. ¶

           Zentriert heißt in der Mitte ↵
           und die Mitte ist hier. ¶

Blocksatz heißt, den Text wie in einem Buch anzuordnen. Sie brauchen unbedingt einen Absatz, der mindestens aus zwei Zeilen besteht, um diesen Effekt zu bemerken. ¶

           Hochachtungsvoll, ↵
           Ihr Heinz-Schalter Computer. ¶

5.4 Die Absatzeinstellungen

Den Absatz- und Zeilenabstand können Sie im Absatzmenü genau einstellen, welches Sie auf mehrere Arten aufrufen können, nachdem Sie den Cursor in den betreffenden Absatz gesetzt haben:

♦ **Rechte Maustaste/Absatz** oder drücken Sie das Symbol, den kleinen **Erweiterungspfeil** (große Abb. vorige Seite):   Absatz

Statt endlos Leerzeilen zu setzen, kann hier der **Abstand** zwischen den Absätzen bestimmt, und, der Hauptvorteil, jederzeit anders eingestellt werden.

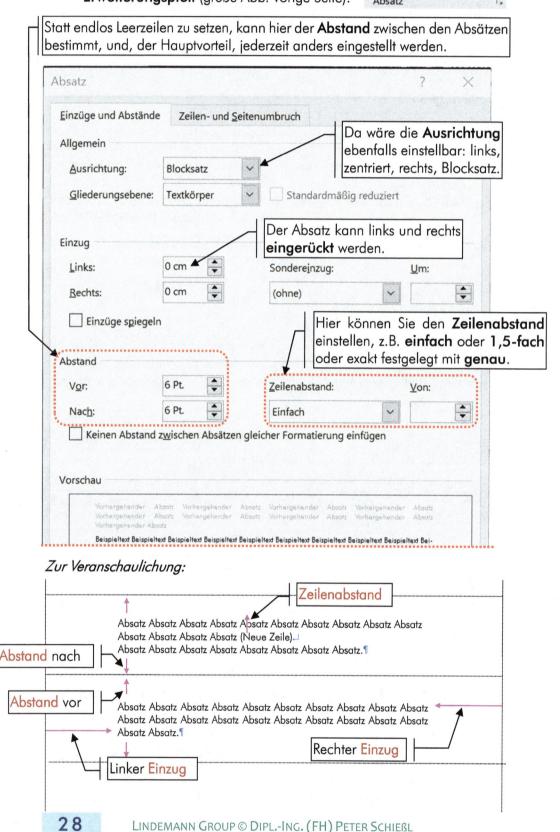

Zur Veranschaulichung:

5.4.1 Übung zu den Absatzeinstellungen

Zunächst bitte schreiben und genauso wie im Text angegeben einrücken:

> Ich bin **Blocksatz** und links und rechts um *4 Zentimeter* einge-rückt. ¶

Jetzt formatieren Sie den obigen Absatz auf **1,5 Zeilen Abstand**:

> Ich bin **Blocksatz** und links um
>
> *8 Zentimeter* eingerückt. ¶

Und nun wählen Sie **Genau** mit *15 Punkten* Zeilenabstand:

> Ich bin **Rechtsbündig** und
> zusätzlich links um 6, rechts
> um 1 *Zentimeter* eingerückt. ¶

5.5 Rückgängig

Mit folgendem kann Ihnen nichts mehr passieren:

♦ Bei jeder Aktion das Ergebnis am Bildschirm beachten.

♦ Ist nicht das Erwartete eingetreten, sofort **Rückgängig** wählen.

 ↳ Ursache herausfinden (falscher Befehl, nicht markiert usw.) und rich-tigen Befehl suchen.

Wiederholen (=Rückgängig rückgängig machen).

Rückgängig

Drücken Sie auf den **Pfeil,** werden die letzten Aktionen aufgelistet. Sie können auswählen, wie weit zurückgenommen werden soll.

Hinweis: **Wiederholen = Wiederherstellen** geht nur, wenn zuvor etwas rück-gängig gemacht wurde.

5.6 Übung Schrift und Absatz

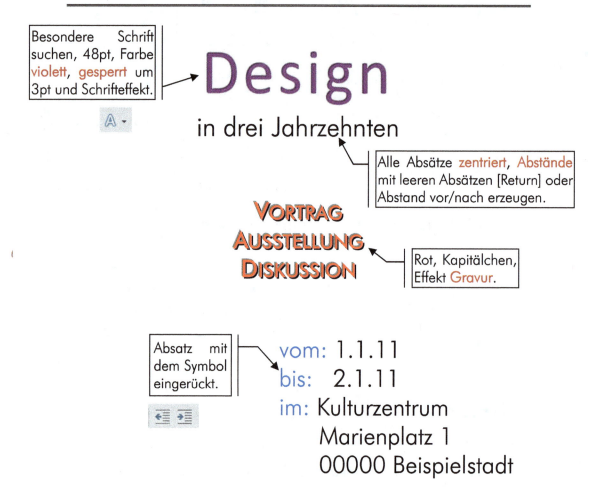

Besondere Schrift suchen, 48pt, Farbe violett, gesperrt um 3pt und Schrifteffekt.

Seminar

Design

in drei Jahrzehnten

Alle Absätze zentriert, Abstände mit leeren Absätzen [Return] oder Abstand vor/nach erzeugen.

VORTRAG
AUSSTELLUNG
DISKUSSION

Rot, Kapitälchen, Effekt Gravur.

Absatz mit dem Symbol eingerückt.

vom: 1.1.11
bis: 2.1.11
im: Kulturzentrum
Marienplatz 1
00000 Beispielstadt

Kleine Anleitung:

Bis auf den letzten Punkt finden Sie alle erforderlichen Einstellungen bei Schriftart oder Absatz.

➢ Schreiben Sie den Text, danach alle Absätze markieren und **zentriert** einstellen.

➢ Die **Abstände** können Sie noch durch leere Absätze mit [Return] erzeugen oder indem Sie einen Absatzabstand einstellen.

➢ Jetzt Absatz für Absatz anklicken und der Abbildung ähnlich einstellen.

➢ Einen Rahmen um das ganze Blatt? Bei diesem Symbol-Pfeil **Rahmen und Schattierung** wählen und dort auf der Karteikarte Seitenrand einen Effekt wählen.

6. Der Word-Aufbau

Im folgenden Abschnitt werden Sie die wesentlichen Elemente des Programmaufbaus kennenlernen.

6.1 Das Programmfenster

Das **Menüband**. Bei jedem Oberbegriff finden Sie passende Befehle, z.B. bei Start meist benötigtes, bei Seitenlayout Seiteneinstellungen usw.

Mit dem **X** beenden oder mit dem „**_**" das Fenster verkleinern.

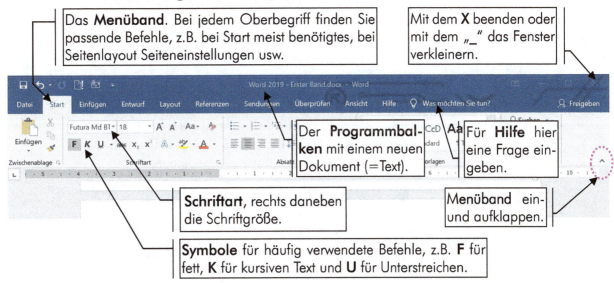

Der **Programmbalken** mit einem neuen Dokument (=Text).

Für **Hilfe** hier eine Frage eingeben.

Schriftart, rechts daneben die Schriftgröße.

Menüband ein- und aufklappen.

Symbole für häufig verwendete Befehle, z.B. **F** für fett, **K** für kursiven Text und **U** für Unterstreichen.

Am Anfang ist die Vielzahl der Möglichkeiten ganz schön verwirrend. Darum werden wir den Aufbau jetzt Schritt für Schritt erläutern.

6.2 Die Statuszeile

Unten im Word ist die **Statuszeile**, die zuweilen nützliche Informationen anzeigt, wenn Sie auf eine Angabe klicken, wird das zugehörende Menü geöffnet:

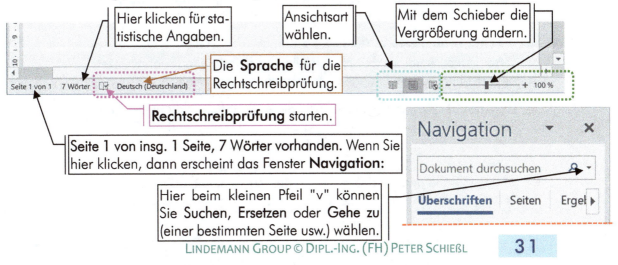

Hier klicken für statistische Angaben.

Ansichtsart wählen.

Mit dem Schieber die Vergrößerung ändern.

Die **Sprache** für die Rechtschreibprüfung.

Rechtschreibprüfung starten.

Seite 1 von insg. 1 Seite, 7 Wörter vorhanden. Wenn Sie hier klicken, dann erscheint das Fenster **Navigation**:

Hier beim kleinen Pfeil "v" können Sie Suchen, Ersetzen oder **Gehe zu** (einer bestimmten Seite usw.) wählen.

6.3 Menüs und Fenster

In dem breiten Menüband ist Platz für beschriftete Symbole, was vor allem für Anfänger eine große Hilfe ist.

♦ Ganz oben in der **Schnellzugriffsleiste** gibt es grundlegende Befehle wie Fenster minimieren oder Speichern und Rückgängig. Weitere Symbole können bei dem Pfeil ergänzt werden.

♦ Bei **Datei** können Sie speichern, öffnen, schließen, drucken usw.

♦ Bei **Start** finden Sie eine Auswahl der am häufigsten benötigten Befehle: Einfügen (zuvor kopiertes), wesentliche Schrift- und Absatzeinstellungen, vorgefertigte Schrifteinstellungen zur Auswahl und Formatvorlagen (werden im zweiten Band erläutert).

♦ Bei **Einfügen** können Sie alles Mögliche einfügen: Titelblatt, Seitenumbruch, Tabelle, Grafik, ClipArt, Formen, Diagramm, Hyperlinks, Querverweise oder **Kopf- und Fußzeilen** und Seitenzahlen sowie Schnellbausteine (früher: AutoTexte), um nur einige zu nennen.

♦ **Entwurf:** diverse Design-Vorschläge.

♦ **Layout:** Papierformat, Seitenränder, Spalten, vorgefertigte Designs (Farbmuster) usw.

♦ **Referenzen** ist ein Punkt für Fortgeschrittene: Inhaltsverzeichnis, Fußnoten, Zitat von einem anderen Text, Abbildungsbeschriftungen usw.

♦ Bei **Sendungen** sind alle Befehle für Seriendruck (Serienbriefe oder Serienumschläge oder Etiketten im Seriendruck) zu finden.

♦ Bei **Überprüfen** können Sie die Rechtschreibprüfung starten, Texte übersetzen, einen Kommentar einfügen, eine Nachverfolgungsmarke setzen oder die Funktion **Änderungen nachverfolgen** einschalten.

♦ Bei **Ansicht** sind alle Funktionen, die die Anzeige am Bildschirm betreffen, einsortiert, etwa die Darstellungsart, Lineal, Zoom und die Fensterfunktionen, merkwürdigerweise auch die Makros.

> Je nach Größe des Word-Fensters werden nur Symbole oder bei mehr Platz Symbole mit Namen oder auch nur Oberbegriffe angezeigt.

6.4 Dialogfelder

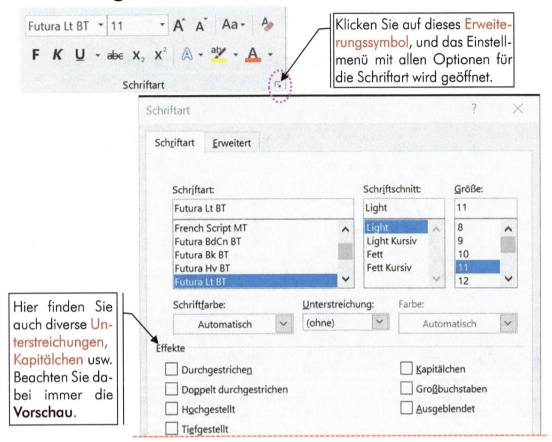

Klicken Sie auf dieses **Erweiterungssymbol**, und das Einstellmenü mit allen Optionen für die Schriftart wird geöffnet.

Hier finden Sie auch diverse **Unterstreichungen**, **Kapitälchen** usw. Beachten Sie dabei immer die **Vorschau**.

6.5 Mausklicken

Der **Cursor** ist der blinkende Strich am Bildschirm, der die aktuelle Position im Text angibt. Den Cursor können Sie mit den Richtungstasten oder mit der Maus versetzen. Verwechseln Sie den Cursor nicht mit dem **Mauspfeil**.

Grundsätzliches zur Mausbedienung:

- ♦ Fast immer wird die **linke Maustaste** einmal geklickt.

  ↳ Auswählen, Cursor versetzen, Symbol anklicken.

- ♦ **Doppelklicken** mit der linken Maustaste markiert ganze Wörter, öffnet oder startet. Außer Symbole, hier reicht einmal klicken zum Starten.

- ♦ Linke Maustaste gedrückt **halten**, um zuvor markierte Elemente zu **verschieben** oder um Bereiche zu markieren, auch Textbereiche.

- ♦ Mit der **rechten Maustaste** erscheinen ausgewählte Befehle zu dem Element, auf dem Sie die Taste drücken (kontextsensitives Menü).

  ↳ Die rechte Maustaste ist somit eine **Abkürzung** zu Standardbefehlen.

 Probieren Sie öfters, die **rechte Maustaste**, meist werden die passenden Befehle angezeigt.

- ♦ Manche Mäuse haben noch ein **Rad**. Durch Drehen kann in langen Texten weitergeblättert werden.

6.6 Auswahlschaltflächen

Wenn Sie den Pfeil neben einer Schaltfläche drücken, klappt eine Auswahlliste (Dropdown) auf.

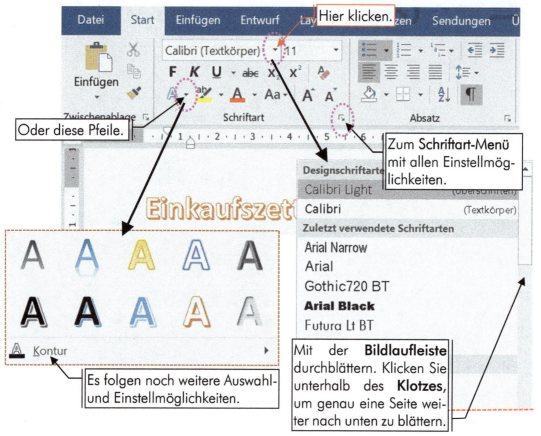

6.7 Abschließender Überblick

♦ Ganz oben ist der **Programmbalken**. Hier ist neben Microsoft Word auch der Name des aktuellen Textes eingeblendet. Steht dort „Dokument 1 (2, 3 …) - Microsoft Word" so wurde der Text noch nicht gespeichert!

♦ Dann folgt das **Menüband** Datei-Start-Einfügen-Entwurf ….

    ✎ Drücken Sie z.B. auf Ansicht. Dort sind alle Befehle zusammengefasst, um die Bildschirmanzeige einzustellen.

♦ Dann endlich das **Textfenster**. Unser Blatt Papier zum Beschreiben. Am besten bei der Ansicht-Drucklayout bleiben, und Sie sehen die Seite, wie diese gedruckt werden würde.

♦ Rechts und unten am Textfenster befinden sich die **Bildlaufleisten**.

    ✎ Wenn Text zu lang ist und nicht mehr auf den Bildschirm passt, kann mit den Bildlaufleisten durchgeblättert werden. Oder mit Bild oben / unten auf der Tastatur.

♦ Ganz unten in der **Statuszeile** wird u.a. die Seitenzahl angegeben und die Ansichtsart sowie Vergrößerung kann gewählt werden.

    ✎ Durch Anklicken dieser Elemente lassen sich Menüs öffnen, s. S. 31.

7. Ansicht und Vorlagen

7.1 Übung Einkaufszettel

Es folgt eine einfache Übung, um etwas mit Word vertraut zu werden, das Speichern auszuprobieren und um schon ein wenig Texte einzustellen.

Schreiben Sie einen einfachen Einkaufszettel (neues Dokument):

In der Symbolleiste können Sie die Schriftart und -größe wählen:

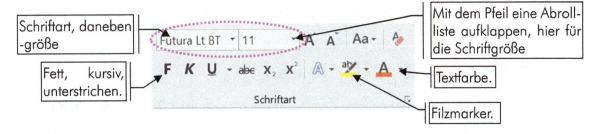

7.1.1 Text einstellen

Damit MS Word weiß, welches Wort Sie ändern wollen, ist dieses zuerst zu **markieren**, dann kann eingestellt werden.

> ➢ Nun noch mit gedrückter Maustaste alle weiteren Zeilen **markieren** und ebenfalls eine andere Schriftart, -größe und -farbe wählen.

> ➢ Mit dem abgebildeten Symbol ein **Aufzählungszeichen** aktivieren, hierfür sollten alle Absätze von Brot bis Salat markiert sein.

> ➢ Speichern Sie als „**Einkaufszettel**" in den Übungsordner.

7.2 Zoom und Ansichtsart

Am unteren Rand finden Sie links Informationen zur Seitenzahl und rechts praktische Symbole, um die Darstellungsart zu wählen und die Ansicht zu vergrößern oder verkleinern.

Die Ansicht einstellen:

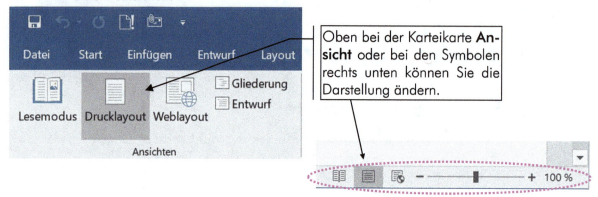

Oben bei der Karteikarte **Ansicht** oder bei den Symbolen rechts unten können Sie die Darstellung ändern.

Hier können Sie umschalten:

♦ **Drucklayout** (Seitenlayout) für Anzeige wie gedruckt, die beste Variante.

♦ **Lesemodus** (zurück mit [Esc]): Ausdehnung des Textbereichs, Symbole werden ausgeblendet, daher zum Bearbeiten nur bedingt geeignet.

♦ **Weblayout** für Webseiten-Darstellung und -Erstellung.

♦ **Gliederungsansicht**: das Inhaltsverzeichnis wird links eingeblendet, bei umfangreichen Texten zur Orientierung nützlich.

♦ **Entwurf** für reine Textanzeige ohne Formatierungen.

> Optimal ist die Ansicht „**Drucklayout**", bei der Sie Ihr Dokument so sehen, wie dieses ausgedruckt werden würde. Auch der Papierrand wird angezeigt, so dass ein Text perfekt gestaltet werden kann.

7.3 Weitere ähnliche Texte

Wenn Sie einen Text geschrieben und gespeichert haben, können Sie diesen jederzeit wieder öffnen, um den Text erneut zu bearbeiten oder als Vorlage für einen weiteren, ähnlichen Text zu verwenden, denn Sie am besten gleich mit Datei-„**Speichern unter**" unter einen neuen Namen abspeichern, damit Sie nicht versehentlich den Vorlagenbrief mit dem neuen Brief überschreiben.

♦ Wenn Sie **Datei**, dann „**Neu**" drücken, haben Sie ein neues, leeres Dokument.

  ↳ Beachten Sie das Auswahlfenster, indem Sie auch eine **Vorlage** auswählen könnten.

  ↳ Zahlreiche **weitere Vorlagen** können **Online** heruntergeladen werden (oben bei Nach Onlinevorlagen suchen einen Suchbegriff eintragen).

7.4 Übung CD-Einleger

➢ Beginnen Sie ein neues, leeres Dokument mit **Datei-Neu** und schreiben Sie einen CD-Einleger:

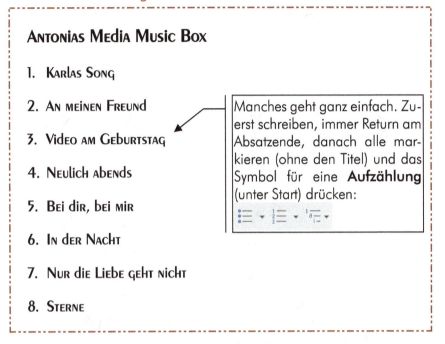

ANTONIAS MEDIA MUSIC BOX

1. KARLAS SONG
2. AN MEINEN FREUND
3. VIDEO AM GEBURTSTAG
4. NEULICH ABENDS
5. BEI DIR, BEI MIR
6. IN DER NACHT
7. NUR DIE LIEBE GEHT NICHT
8. STERNE

Manches geht ganz einfach. Zuerst schreiben, immer Return am Absatzende, danach alle markieren (ohne den Titel) und das Symbol für eine **Aufzählung** (unter Start) drücken:

➢ Auf der **Karteikarte Layout** mit dem **Erweiterungspfeil** das Menü Seite einrichten öffnen und auf der **Karteikarte Papier** die Papiermaße Höhe 118 mm und Breite 151 mm und die Seitenränder überall 1,5cm einstellen. Text passend formatieren und in Ihren Übungsordner speichern.

7.4.1 Datei-Speichern unter

Wenn Sie eine Kopie erstellen wollen, ist der Befehl **Datei-Speichern unter** eine einfache Methode. Dann können Sie einen anderen Ordner oder ein anderes Laufwerk (z.B. das Diskettenlaufwerk) wählen oder einen anderen Dateinamen (z.B. Kopie von .... am) vergeben.

➢ Als „Antonias Media Music Box speichern, dann mit **Datei-Speichern unter** eine Kopie erstellen und die Texte für einen weiteren CD-Einleger passend überschreiben.

➢ Probieren Sie, dieses Blatt mit Datei-**Drucken** auszudrucken. Vielleicht klappt das schon, ansonsten folgt später eine genauere Anleitung.

7.5 Übung Vorlage

Fertige Vorlagen zu verwenden ist gar nicht schwer.

➢ Beginnen Sie einen Brief mittels einer Briefvorlage: **Datei**, dann **Neu** und dort eine Briefvorlage wählen und den Vorgabetext überschreiben.

➢ In einen neuen Ordner „Briefe" als **„Brief an XY Datum"** speichern.

Auch in diesem Fall könnten Sie für den nächsten Brief diesen mit **Datei-Speichern unter** unter einem neuen Namen abspeichern und dann nur den Text passend ändern, so sind alle Einstellungen und Formatierungen übernommen.

7.6 Übung Kinderwagen

Eine kleine Übung zur Schrifteinstellung.

> ➢ **Neue Datei** beginnen, **Text** schreiben und einstellen,

> ➢ abschließend als „Anzeige Kinderwagen" **speichern**.

Kinderwagen

zu verkaufen!!!

Modell Sportwaggon Turbo XXL
Super Rasant 3 Plus E Comfort

TÜV und CE geprüft, zugelassen bis 8 km/h

Fast wie neu, nur drei Jahre benutzt

**zum halben Neupreis inklusive
Beschreibung und Zubehör!**

Tel.: 45 56 67 – FAX: 45 56 68 – Email: meine@email.de

7.7 Zusammenfassung

Sie sollten nun folgendes können:

- ◆ Schrift- und Absatzeinstellungen wie Schriftart, -farbe, Absatzabstand, Ausrichtung und Einrückung.

- ◆ **Speichern unter**: Hier können Sie beim Speichern den Namen der Datei und den Speicherort (Laufwerk, Ordner) erneut bestimmen, auch gut, um einen Text als Vorlage für den nächsten ähnlichen Text zu verwenden.

- ◆ Einen neuen Text beginnen oder einen neuen Text, aufbauend auf einer Vorlage, sowie Texte in Ordner einsortiert speichern und schließen.

Sie können mehrere Dokumente gleichzeitig bearbeiten, wobei jeder Text in einem eigenen Word-Fenster angezeigt wird. Jedes dieser Windows-Fenster kann in der Größe beliebig eingestellt werden. Hierzu mehr im nächsten Kapitel.

8. Mehrere Texte / Fenster

Probieren Sie es aus:

> ➤ Schließen Sie alle Texte, dann mit **Datei/Öffnen** sowohl den Einkaufs-
> zettel als auch den CD/DVD-Einleger erneut öffnen.
>
> > ↳ Im Word werden, sobald Sie **Datei** anklicken, die **zuletzt bearbei-
> > teten Texte** angezeigt,
> >
> > ↳ mit „**Weitere Dokumente**" wird die Auswahl erweitert und
> >
> > ↳ mit **Durchsuchen** können Sie alle vorhandenen Laufwerke (Fest-
> > platte, eingesteckter USB-Stick, Online-Speicher usw.) nach Texten
> > durchsuchen und ggf. auch öffnen.
>
> ➤ **Öffnen** Sie zusätzlich mit **Datei/Neu/Leeres Dokument** zwei weitere
> leere Texte und außerdem den Taschenrechner mit Start/**Rechner**.
>
> > ↳ Jeder neue Text erhält zunächst einen Namen **Dokument 1, 2, 3 …**
> >
> > ↳ Daran können Sie erkennen, ob ein Text bereits gespeichert wurde!

Jetzt haben wir genügend geöffnet, um das Wechseln zu üben:

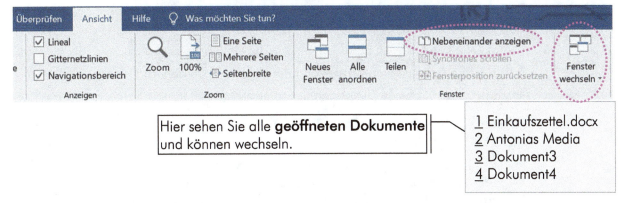

*Probieren Sie beide Methoden, um zwischen Texten oder
Programmen zu wechseln:*

> ➤ **Wechseln** Sie zu dem anderen Text, indem Sie diesen bei **Ansicht/-
> Fenster wechseln** anklicken.
>
> ➤ Mit **[Alt]–[Tab]** können Sie auch zum Taschenrechner wechseln:
> [Alt] gedrückt halten, dann [Tab], die Tabulatortaste kurz klicken.

Beachten Sie, dass der **Taschenrechner** bei Word nicht angezeigt wird – im
Word werden nur Texte angezeigt.

Über die Windows-Startleiste:

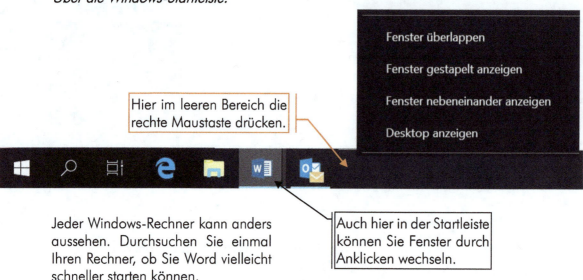

Hier im leeren Bereich die rechte Maustaste drücken.

Fenster überlappen

Fenster gestapelt anzeigen

Fenster nebeneinander anzeigen

Desktop anzeigen

Auch hier in der Startleiste können Sie Fenster durch Anklicken wechseln.

Jeder Windows-Rechner kann anders aussehen. Durchsuchen Sie einmal Ihren Rechner, ob Sie Word vielleicht schneller starten können.

8.1.1 Fenstergröße einstellen

Jetzt können Sie ein Programm beenden oder in den Hintergrund schicken. Bei jedem **Programmfenster** können Sie die **Größe genau einstellen** und das Fenster verschieben.

♦ Oben im farbig hervorgehobenen **Balken** können Sie mit gedrückter linker Maustaste das Fenster **verschieben**.

♦ Sofern Sie nicht die Ansicht Vollbild eingestellt haben: bewegen Sie die Maus langsam über den Fensterrand. Der Mauspfeil wechselt zu einem **Doppelpfeil**. Jetzt linke Maustaste gedrückt halten und Sie können die Fenstergröße einstellen.

    ↳ Am linken und rechten Rand können Sie die Fensterbreite ändern,

    ↳ am oberen und unteren Fensterrand die Höhe und an den

    ↳ Fensterecken in beide Dimensionen zugleich.

♦ **Fenster wechseln** geht mit **[Alt]-[Tab]**: [Alt] gedrückt halten, [Tab] klicken, bis das gewünschte Fenster gewählt ist.

    ↳ Nicht nur zwischen geöffneten Texten, auch zwischen verschiedenen gestarteten Programmen kann auf diese Art hin- und hergesprungen werden, z.B. um eine Adresse aus einem Telefonverzeichnis in einen Word-Brief zu kopieren.

    ↳ Aus diesem Grund ist es für Sie sehr nützlich, wenn Sie sich mit der Fenstertechnik gut auskennen.

➢ **Probieren Sie diese Möglichkeiten an den Übungstexten aus.**

8.2 Geburtstagseinladung mit Seitenrahmen

Wenn wir schon das Blatt Papier im Hintergrund sehen, wollen wir uns gelegentlich die ganze Seite zur Überprüfung des Layouts anschauen, zum Bearbeiten jedoch den Text möglichst groß sehen.

➢ Beginnen Sie einen **neuen Text,** bei **Layout/Format DIN A5** und bei Ausrichtung Querformat einstellen und z.B. dies schreiben:

> Geburtstags-Einladung!
>
> Zu meinem Geburtstag am 33.3. dieses Jahres lade ich Dich hiermit ganz offiziell und herzlich ein. Bitte viele Geschenke und gute Laune mitbringen.

➢ Wählen Sie für die **Überschrift** eine große, fette Schrift und für den Text eine schöne **Schreibschrift** mit passender **Schriftgröße,** so dass das Blatt schön ausgefüllt wird.

Mit dem Zoom-Schieber:

♦ Entweder mit dem Schieber die Vergrößerung einstellen oder mit Klicken auf das +/-:

♦ Anschließend ist meist mit den Bildlaufleisten der gewünschte Bereich zu suchen.

Hier auf der Prozentschaltfläche klicken, um das **Zoom-Menü** aufzurufen, in dem Sie u.a. Seitenbreite (Text mit Seitenrand), Textbreite (=Text ohne Seitenrand), mehrere Seiten wählen können. Alternativ: Karteikarte **Ansicht.**

In der **Ansicht Drucklayout** kann ein Rahmen um die ganze Seite perfekt eingerichtet werden:

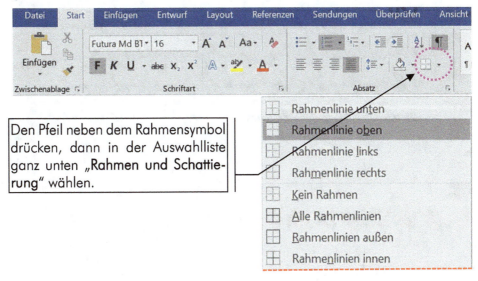

Den Pfeil neben dem Rahmensymbol drücken, dann in der Auswahlliste ganz unten „Rahmen und Schattierung" wählen.

Im Menü Rahmen und Schattierung lassen sich diese schön einstellen:

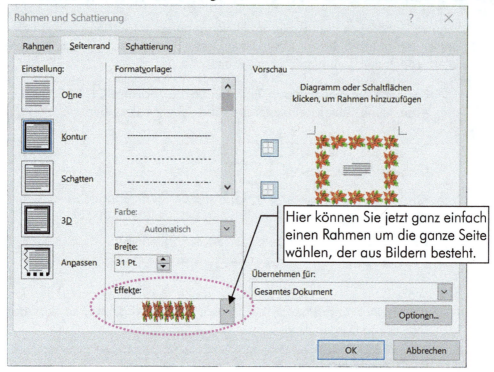

> ➢ Wenn der Rahmen vorhanden ist, den Text entsprechend groß formatie-
> ren, damit das Blatt gefüllt wird.

> ➢ Text anschließend als „Geburtstagseinladung" speichern.

> ➢ Wechseln Sie anschließend zwischen den Ansichten.

*In der Ansicht Seitenlayout sehen Sie das Blatt so wie es gedruckt werden
würde:*

8.3 Die Bildlaufleiste

In einem Buch können Sie umblättern. In einem Computerprogramm blättern Sie mit den [Bild]-Tasten oder mit den Bildlaufleisten.

➢ Öffnen Sie den Geburtstags-Text, vergrößern Sie den Text und verkleinern Sie das Fenster, bis die Bildlaufleisten angezeigt werden und gehen Sie die Optionen der Bildlaufleiste durch.

Die Funktion der Bildlaufleiste:

An den Enden der **Bildlaufleiste** ist jeweils ein Pfeil. Drücken Sie darauf, bewegen Sie den Text um genau eine Zeile oder einen Buchstaben weiter. Die Wirkung entspricht also den **Richtungstasten**:

Irgendwo im Balken gibt es diesen **Schieber**. Der zeigt die aktuelle Position an.
Diesen Schieber können Sie direkt mit der Maus an eine andere Stelle des Balkens ziehen, z.B. in die Mitte des Balkens, um in die Mitte des Textes zu gelangen.

Drücken Sie oberhalb/unterhalb von dem Schieber, so blättern Sie genau eine **Seite nach oben/unten**. Ungefähr wie mit den **Bild**-Tasten, mit denen es jeweils eine halbe Seite weiter geht.

Bild ↑
Bild ↓

Der ganze **Balken** (zwischen den Pfeilen) symbolisiert den ganzen Text.

Damit Sie diese Übung durchführen können, die Ansicht stark vergrößern:

➢ **Bewegen** Sie sich ganz nach unten, indem Sie den Schieber ganz nach unten ziehen. Beachten Sie immer den Schieber. Gehen Sie wieder nach oben, indem Sie in der Bildlaufleiste oberhalb von dem **Schieber** drücken.

➢ Bewegen Sie sich jetzt nach links und rechts mittels der **horizontalen Bildlaufleiste**. Die horizontale Bildlaufleiste wird nur angezeigt, wenn nicht der gesamte Text sichtbar ist. Probieren Sie dies, indem Sie mit dem Zoom-Schieber unten rechts experimentieren.

8.4 Übung Bildlaufleiste und Kopieren

Schreiben wir ein kleines Buch, also einen neuen Text beginnen.

➢ Als Überschrift „**Mein erstes Buch**" schreiben,

➢ dann nach Return einen Absatz z.B. mit diesem philosophischem Text schreiben:

Mein erstes Buch

Dies ist ein Übungstext. Ein Übungstext für den Umgang mit der Textverarbeitung. Ein purer Übungstext. Nichts weiter als ein Übungstext. Ein langweiliger Übungstext, der nicht von dem eigentlichen Ziel, Textverarbeitung zu lernen, ablenken soll. Dies ist mein Übungstext. Ein Text ohne Fehler.

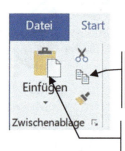

Klicken Sie **dreimal** schnell hintereinander in dem ersten Absatz, bis dieser markiert ist.

Dann drücken Sie das Symbol **Kopieren** oder **[Strg]-c**. Die Schere, bzw. **[Strg]-x** wäre **Ausschneiden** (das Original wird nach dem Einfügen gelöscht).

Der Text ist nun im Arbeitsspeicher und kann mit dem Symbol **Einfügen** oder **[Strg]-v** so oft eingefügt werden, bis Sie mehrere Seiten haben. Mitten auf das Symbol klicken, bei dem Pfeil darunter gibt es weitere Einfüge-Optionen.

➢ Beachten Sie die Seitenangabe links unten in der Statuszeile.

Da der zuvor kopierte Absatz noch markiert ist, wird dieser beim ersten Einfügen überschrieben. Das ist jetzt kein Problem, später unbedingt die Markierung abschalten, indem Sie den Cursor versetzen.

➢ Wenn Sie **mehrere Seiten** haben, fassen Sie den **Klotz** in der Bildlaufleiste mit der Maus an und bewegen diesen in die Mitte.

   ✍ Beachten Sie, dass beim Verschieben des Klotzes angezeigt wird, auf welcher Seite Sie wären, wenn Sie den Klotz loslassen.

Typischer Anfangsfehler: Sie müssen beim Ziehen des Klotzes in der Spur der Bildlaufleiste bleiben.

➢ Gehen Sie mit dem **Schieber** an das Ende des Textes. Jetzt drücken Sie oberhalb des Schiebers in der Bildlaufleiste. Sie blättern genau eine Bildschirmseite nach oben.

➢ Blättern Sie auch mit den **Bildtasten** und ggf. mit dem **Rad** an Ihrer Maus, sofern vorhanden.

➢ Gehen Sie mit **[Strg]-Ende** ans Ende, bzw. mit **[Strg]-Pos1** an den Anfang des Textes.

➢ Datei als „Mein erstes Buch" **speichern**.

Zweiter Teil

Gestalten

Schriftauswahl, spezielle Absätze, Rahmen und Schattierung

———————

9. Mit Schriften gestalten

Word bietet zahlreiche Funktionen, mit denen aus einem normalen Text eine ansprechende Präsentation gemacht werden kann.

Einige der Effekte werden Sie sicherlich nicht bei einem Textverarbeitungsprogramm erwartet haben.

9.1 Eine Überschrift

Schrift ist nicht gleich Schrift.

- ◆ Nicht Word, sondern Windows verwaltet die Schriften.
  - ✎ Installieren Sie einen Drucker oder ein neues Programm, sind oft auch zahlreiche neue Schriften dabei.
  - ✎ Diese Schriften können von jedem Programm genutzt werden.

- ➢ Beginnen Sie einen neuen Text an, einige leere Absatzmarken durch Return erzeugen und ganz oben schreiben:

> Titel

- ➢ Gleich als „Übung Formatieren" speichern.

Es gibt normale Schreibschriften, fette Schriften für Überschriften, Handschriften und Spezialschriften, etwa mit Löchern im Text oder Symbolen anstelle von Buchstaben.

Also sollten Sie sich als erstes einen **Überblick** über die auf Ihrem Rechner installierten Schriften verschaffen.

- ➢ Blättern Sie die Schriftenliste mit Hilfe der Bildlaufleiste durch, um einen Überblick zu bekommen.

Jetzt beschäftigen wir uns erst einmal mit den diversen Einstellmöglichkeiten aus dem Symbolband (Schriftartenliste) und dem Menü Schriftart (per Symbol oder rechter Maustaste zu starten).

9.2 Schriftauswahl

Bei der Schriftauswahl finden Sie eine **Abrollliste** mit einer Vorschau der Schriften:

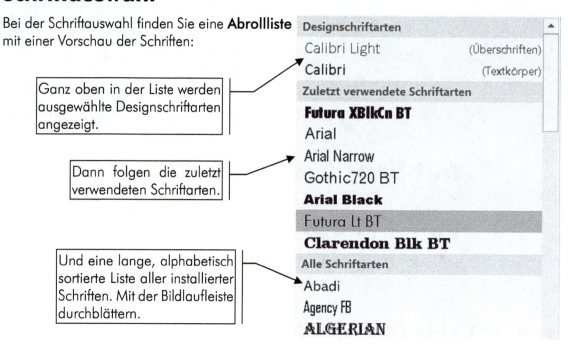

Ganz oben in der Liste werden ausgewählte Designschriftarten angezeigt.

Dann folgen die zuletzt verwendeten Schriftarten.

Und eine lange, alphabetisch sortierte Liste aller installierter Schriften. Mit der Bildlaufleiste durchblättern.

Im Menü Schriftart haben Sie alle Einstellmöglichkeiten:

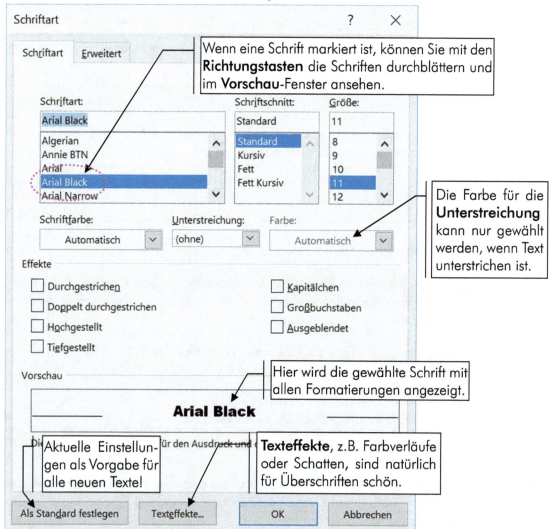

Wenn eine Schrift markiert ist, können Sie mit den **Richtungstasten** die Schriften durchblättern und im **Vorschau**-Fenster ansehen.

Die Farbe für die **Unterstreichung** kann nur gewählt werden, wenn Text unterstrichen ist.

Hier wird die gewählte Schrift mit allen Formatierungen angezeigt.

Aktuelle Einstellungen als Vorgabe für alle neuen Texte!

Texteffekte, z.B. Farbverläufe oder Schatten, sind natürlich für Überschriften schön.

Zur Übung:

➢ Verschaffen Sie sich einen Überblick über die auf Ihrem Rechner installierten Schriften.

➢ Dann wählen Sie eine **dicke Schrift** für den Titeltext:

9.3 Effekte mit den Symbolen

Auch in der Symbolleiste sind einige schnell erreichbare Formatierungsoptionen untergebracht. Vielleicht etwas zu viel:

Fett, kursiv, unterstrichen und durchgestrichen: bei unterstrichen können mit dem kleinen Pfeil noch weitere Optionen gewählt werden (siehe Abb.).

Alle Formatierungen (Einstellungen) für den aktuell markierten Text löschen – übrig bleibt die Voreinstellung.

Aktuell markierten Text mit größerer oder kleinerer Schriftart formatieren.

Mit dem kleinen **Pfeil** jeweils die Auswahlliste aufklappen, hier abgebildet für Texteffekte, Unterstreichung und Textfarbe.

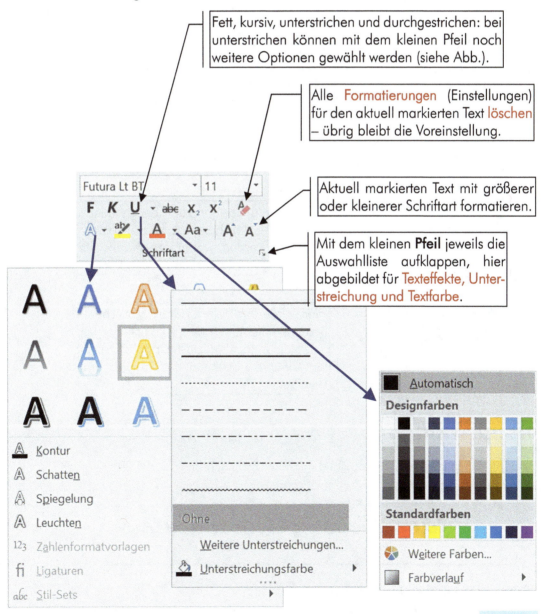

9.4 Schrift sperren

Jetzt werden wir die Buchstaben noch mehr auseinanderziehen.

➢ Auf dem Titel die **rechte Maustaste** und **Schriftart** wählen.

➢ Schalten Sie am oberen Rand des Menüs auf die Karteikarte **Erweitert** um:

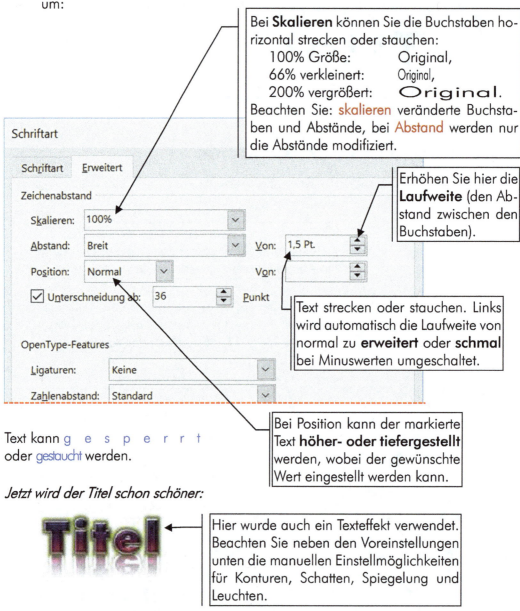

Bei **Skalieren** können Sie die Buchstaben horizontal strecken oder stauchen:
100% Größe: Original,
66% verkleinert: Original,
200% vergrößert: Original.
Beachten Sie: skalieren veränderte Buchstaben und Abstände, bei Abstand werden nur die Abstände modifiziert.

Erhöhen Sie hier die **Laufweite** (den Abstand zwischen den Buchstaben).

Text strecken oder stauchen. Links wird automatisch die Laufweite von normal zu **erweitert** oder **schmal** bei Minuswerten umgeschaltet.

Bei Position kann der markierte Text **höher- oder tiefergestellt** werden, wobei der gewünschte Wert eingestellt werden kann.

Text kann g e s p e r r t oder gestaucht werden.

Jetzt wird der Titel schon schöner:

Hier wurde auch ein Texteffekt verwendet. Beachten Sie neben den Voreinstellungen unten die manuellen Einstellmöglichkeiten für Konturen, Schatten, Spiegelung und Leuchten.

9.5 Handschriften

Ändern und formatieren Sie den Titel mit einer Handschrift:

Kleine Weihnachtsgeschichte

Nehmen Sie sich Zeit, Ihre Schriften zu erforschen.

9.6 Der Schriftmanager

♦ Schriften werden im Windows von dem Schriftmanager verwaltet.

↳ Neue Schriften, z.B. von einem Drucker oder Programm, sind deshalb in jedem anderen Programm unter Windows verfügbar.

♦ Den Schriftmanager können Sie im **Windows** über Start/Einstellungen/Personalisierung/Schriftarten aufrufen.

↳ Klicken Sie auf eine Schrift, um zum Vorschaumenü zu gelangen.

↳ In dem Schriftmanager können Schriften so gelöscht werden: anklicken, dann im nächsten Menü „Deinstallieren".

↳ **Neue Schriften** installieren Sie, indem Sie im Windows Explorer den Ordner oder das Laufwerk mit der Schrift suchen, dann auf der Schrift die rechte Maustaste-installieren wählen.

9.7 Format übertragen

Nachdem Sie nun schon sehr viele Möglichkeiten kennen, einen Text zu formatieren, sollten Sie auch erfahren, wie sich die Einstellungen von einem Absatz auf einen anderen übertragen lassen.

Die Methode mit dem Befehl „**Format übertragen**" gleich links unter Start ist auch für einzelne Wörter geeignet:

Vorgehen: richtig eingestellten Text anklicken, Symbol „Format übertragen" wählen und den neuen Text, der die Formatierungen erhalten soll, anstreichen. Dabei gibt es zwei Alternativen:

♦ **Einmal** „Format übertragen" anklicken für einmalige Anwendung

♦ oder **Doppelklicken**, um diese Funktion mehrmals anzuwenden.

↳ Zum Abschalten noch einmal auf „Format übertragen" klicken.

Übung Format übertragen:

➢ Schreiben Sie den Satz, dann dreimal kopieren, anschließend den Absatz ebenfalls dreimal **kopieren**:

Dies ist ein Übungstext, um das Format zu übertragen. Dies ist ein Übungstext, um das Format zu übertragen. Dies ist ein Übungstext, um das Format zu übertragen.

Dies ist ein Übungstext, um das Format zu übertragen. Dies ist ein Übungstext, um das Format zu übertragen. Dies ist ein Übungstext, um das Format zu übertragen.

Dies ist ein Übungstext, um das Format zu übertragen. Dies ist ein Übungstext, um das Format zu übertragen. Dies ist ein Übungstext, um das Format zu übertragen.

> Ändern Sie den Ausdruck „Format zu übertragen" folgendermaßen: Farbe rot, kursiv, fett, andere Schrift.

> Markieren Sie Format übertragen, dann einmal auf das Symbol Format übertragen klicken.

  ↳ Jetzt haben Sie einen **Pinsel** an der Maus, mit dem Sie den nächsten Ausdruck „Format zu übertragen" anstreichen können.

> Noch einmal, aber auf das Symbol „Format übertragen" Doppelklicken, dann mehrere neue Wörter genauso formatieren. Abschließend auf das Symbol „Format übertragen" klicken, um dies abzuschalten.

9.8 Übung Absatzeinstellungen

Schreiben Sie ein kurzes Gedicht Ihrer Wahl und formatieren Sie dieses, z.B.:

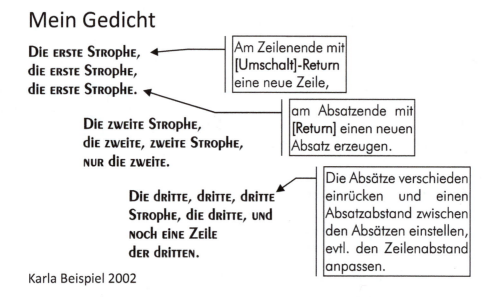

Karla Beispiel 2002

Kurze Anleitung:

> Beim Schreiben am Zeilenende **[Umschalt]-[Return]** für eine neue Zeile, nur am Absatzende **[Return]** für einen neuen Absatz drücken.

> Alle Textabsätze markieren und Schrift einstellen sowie einen Absatz- und Zeilenabstand.

> Probieren Sie abschließend, dass Gedicht mit dem Befehl **Datei-Drucken** auszudrucken.

9.9 Absätze einrücken

Absätze können auf viele Arten ein- oder ausgerückt werden. Darum eine kleine Zusammenfassung.

♦ Entweder die **Symbole** benutzen (am einfachsten)

♦ oder mit der **Tabulator-Taste** einrücken, mit der [Rück]-Taste ausrücken, was nur geht, wenn der Cursor am Zeilenanfang, bzw. -ende steht,

♦ oder mit den Schiebern im **Lineal**, wie auf Seite 54 folgt oder im Menü rechte Maustaste-Absatz (s. Seite 28).

10. Spezielle Absätze

Nachdem wir uns die Schrifteinstellungen genauer angesehen haben, werden wir uns nun mit den Möglichkeiten beschäftigen, die Absätze schöner und zweckmäßiger zu formatieren.

10.1 Hängender Absatz

Ein hängender Absatz hängt an der ersten Zeile. Das ist sehr nützlich für Aufzählungen, um die Übersichtlichkeit zu erhöhen.

Der ideale Anwendungsfall sind Listen, z.B. eine Literaturangabe oder eine Adressenliste von einem Verein. So soll es werden:

Übung:

> Müller, Karla: Schloßgeschichten. Eine Studie zum Werk Theodor Fontanes. München 1986 (S. 96-103). ¶
>
> Müller-Seidel, Walter: Theodor Fontane. Soziale Romankunst in Deutschland. Stuttgart 1975 (S. 181-196). ¶
>
> Nürnberger, Helmuth: Theodor Fontane, »Cécile«. Unbekannte Skizze zu einem Roman. In: Süddeutsche Zeitung, 11./12. November 1978.[1] ¶

➢ **Schreiben** Sie die drei Absätze.

| Wichtig! Return nur am Absatzende!

➢ **Markieren** Sie alle drei Absätze auf einmal, indem Sie die Maustaste im linken Seitenrand gedrückt halten und vom ersten zum letzten Absatz ziehen.

➢ **Rechte Maustaste** über der Markierung und **Absatz** wählen. Oder den Erweiterungspfeil bei Absatz.

---

[1] Zitiert aus: Theodor Fontane: Cécile, dtv-Verlag, August 1995, ISBN 3-423-02361-9, S. 276-277

10.2 Das Absatz-Menü

Das Menü bietet alle Einstellungen übersichtlich zusammengefasst. Hier können Sie auch gelegentlich nach neuen Möglichkeiten suchen.

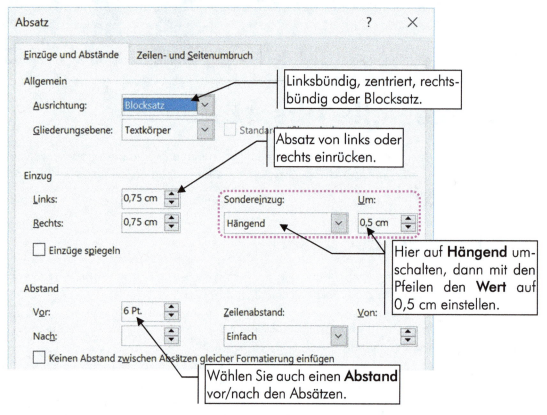

♦ Der **Absatzabstand** kann beliebig eingestellt werden. Mit den Pfeilen rechts neben der Schaltfläche geht es zwar in 6 pt Schritten, aber es kann jeder gewünschte Wert eingetragen werden.

> Damit ist der Absatzabstand vorteilhafter, als wenn Sie einen Abstand durch leere Absätze erzeugen, da letzteres nicht einstellbar ist.

Zusammenfassung:

♦ Den **Erweiterungspfeil** bei Schriftart oder Absatz oder **rechte Maustaste** auf dem Absatz drücken und aus dem Abrollmenü wählen:

    ↳ **Schriftart** für Schrifteinstellungen (Schriftart, -größe, -farbe …),

    ↳ **Absatz** für alle Absatzeinstellungen (einrücken, hängend, Blocksatz usw.). Dabei nicht markieren, markieren ist nur notwendig, wenn mehrere Absätze auf einmal eingestellt werden sollen.

10.3 Hängend mit dem Lineal

Die **Absatzeinrückung** kann auch über das Lineal eingestellt werden.

♦ Im Menü **Ansicht** können Sie das **Lineal** ein- und ausschalten.

    ↳ Nach Anwendung können Sie das Lineal wieder ausblenden, um mehr Platz für den Text zu erhalten.

Mit den drei Schiebern kann die Absatzeinrückung folgendermaßen vorgenommen werden:

> Jede Änderung gilt nur für den **aktuellen Absatz**. Wollen Sie mehrere Absätze ändern, sind alle vorher zu markieren.

➢ Verändern Sie mit den **Schiebern** die Absatzeinrückung bei der vorigen Übung, vor allem auch den Seitenrand verändern.

10.4 Aufzählungen

Der hängende Absatz eignet sich ebenso für nummerierte Absätze. Denn die Zahlen stehen links außen, der Text ist genau untereinander.

Unser nächstes Thema, eine Frageliste.

Merkzettel zum Computerkauf

1. *Prozessor, Arbeitsspeicher, Festplatte?* Zusatzausstattung (DVD-Brenner, WLAN, Bluetooth)? Komplett und betriebsfertig?

2. Am Arbeitsspeicher nicht sparen! Mindestens 4GB oder mehr!

3. Ist der Flachbildschirm 22" oder besser 24" groß und schneller als 5ms für ruckelfreie Spiele und Videos?

4. Welche *Programme* sind dabei, welche werden benötigt?

5. Wie lange ist die *Garantiezeit*? Wie lange dauert eine *Reparatur*? Gibt es telefonische Unterstützung? Muss der Rechner ins Geschäft gebracht werden??

Das Beste an den Aufzählungen ist, dass Word diese automatisch vornimmt. Gehen Sie folgendermaßen vor:

➢ Neue Datei, Seitenformat **DIN A5** einstellen.

➢ **Schreiben** Sie den Text, natürlich ohne die Zahlen am Anfang, dabei **Return** nur am Ende der Absätze drücken.

➢ Formatieren Sie die **Überschrift:** fett + größere Schrift + kursiv.

➢ Markfieren Sie alle Absätze und stellen Sie einen Absatzabstand je 6 Pt vor und nach jedem Absatz ein.

➢ **Markieren** Sie alle weiteren vier Absätze und aktivieren Sie die Nummerierung.

Für die Nummerierung gibt es dieses Symbol im Start-Menü:

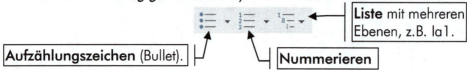

Einmal klicken schaltet die Nummerierung ein, noch einmal auf das Symbol klicken wieder aus. Umschalten zu einer anderen Option ist auch möglich. Bei dem **Minipfeil** neben dem Symbol kann wie immer eine Auswahlliste aufgeklappt werden

> Darauf achten, dass immer alle gewünschten Absätze markiert sind.

Die automatische Aufzählung:

- ◆ Sie brauchen nur auf das Symbol für **Nummerieren** zu klicken.
  - ↳ Schon sind alle markierten Absätze mit Zahlen versehen.
  - ↳ Ergänzen oder löschen Sie Absätze, so wird die Nummerierung automatisch aktualisiert.
  - ↳ Word nimmt dabei ebenfalls die Einstellungen für den hängenden Absatz vor. Das können Sie an den Schiebern des Lineals erkennen.

10.4.1 Aufzählungszeichen (Bullet)

Statt einer Zahl kann ein Aufzählungszeichen (Bullet) vorangestellt werden.

- ➢ Markieren Sie die nummerierten Absätze. Dann das andere Symbol für Aufzählungszeichen anklicken.
  - ↳ Bei dem kleinen Pfeil rechts neben dem Symbol können Sie eine Auswahlliste aufklappen:

Wie ein beliebiges Aufzählungszeichen eingestellt werden kann, erfahren Sie in dem zweiten Band zu MS Word.

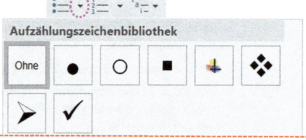

10.5 Kleine Zusammenfassung

- ◆ Das waren einige **Absatzeinstellungen** (Abstand vor, nach, Zeilenabstand, Einrückung, hängender Absatz, Aufzählung und Nummerierung).
  - ↳ Der hängende Absatz, ein nummerierter oder mit Aufzählungszeichen eingestellter Absatz, ist später bei längeren Texten äußerst wichtig: für Aufzählungen, Literaturangaben, Stickpunkte oder andere Listen.

- ◆ Ist Ihnen jetzt der Unterschied zwischen **Seiten-**, **Absatz-** und **Schriftart**formatierungen bewusst sowie
  - ↳ die Eingabe über ein **Symbol** (Abrollmenüs beachten) oder die **rechte Maustaste**?

11. Rahmen und Schattierung

11.1 Übung mit Rahmen

Hätten Sie das gedacht? Im Word können Sie nicht nur die **Textfarbe** ändern, z.B. mit blau schreiben, sondern einem Absatz einen **Rahmen** zuweisen.

Die **Farbe des Rahmens** sowie der **Hintergrund** sind einstellbar, um z.B. den Text blau zu umranden oder gelb zu hinterlegen.

Kleine Anzeige (bitte wieder zuerst schreiben):

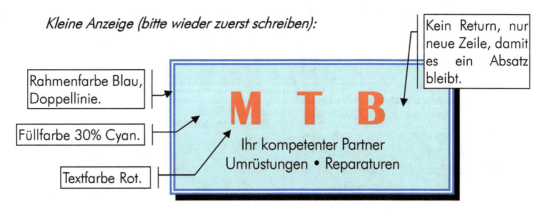

Kurze Anleitung:

> ➢ Neue Übung, **Papierformat** 12 cm breit und 8 cm hoch:
>
> > ↳ Bei Layout auf „Format" klicken, dann „Weitere Papierformate" und dort im Menü oben die Maße eintragen.

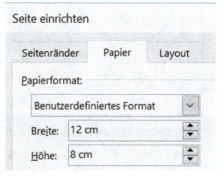

> ➢ **Schreiben** Sie den Text.
>
> ➢ Fügen Sie den **Punkt** als Symbol ein: Karteikarte **Einfügen**, dort **Symbole/Weitere Symbole**.
>
> ➢ Markieren Sie alle Zeilen und wählen Sie **zentriert**.
>
> ➢ **Erste Zeile** markieren: Schriftgröße 48 Pt, gesperrt um 15 Pt, fett, rot. Als Alternative einen Texteffekt probieren.

11.2 Schattierung

Zuerst wollen wir uns mit der Schattierung beschäftigen, da dies die einfachere Option ist.

> ➢ Cursor in den Text setzen (falls Sie mit Return mehrere Absätze haben, müssten diese zuerst markiert werden), dann jeweils das kleine **Dreieck** anklicken, damit die Abrollmenüs erscheinen:

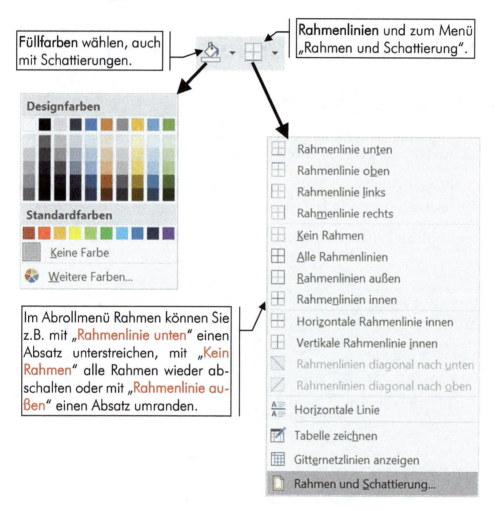

> ➢ Wählen Sie eine **Hintergrundfarbe**, am besten nicht zu dunkel, sondern nur leicht schattiert.

Über die Schattierung:

- ◆ Auf fast allen Tintenstrahldruckern führt auf Normalpapier eine kräftige Hintergrundfarbe dazu, dass die Farbe verläuft.

  - ✎ Bessere Ergebnisse sind mit **seichteren** Farben zu erzielen wie die helleren Schattierungen bei den Designfarben.

- ◆ Welcher Wert optimal ist, ist je nach Druckertyp und Papiersorte unterschiedlich: optimalen Wert mit Probeausdrucken ermitteln.

Weiter geht es zu den **Rahmenlinien**.

11.3 Eine Rahmenlinie

Nach der Schattierung folgen nun die Linien um einen Absatz herum. Diese können Sie bei dem nächsten Symbol einstellen.

➢ Wählen Sie im Abrollmenü „Rahmen und Schattierung". 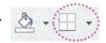 Hier können wir die gewünschte Doppellinie einstellen.

➢ Entweder links eine vorgefertigte **Einstellung** wählen, z.B. den Rahmen mit Schatten oder

➢ in der Mitte eigene Rahmenlinien mit gewünschter **Linienart**, -farbe und -dicke auswählen.

➢ Bei beiden Varianten können Sie rechts im **Vorschaufenster** mit der Maus Linien setzten oder wegklicken und so z.B. nur eine Linie oben und unten statt einem geschlossenen Kasten einstellen.

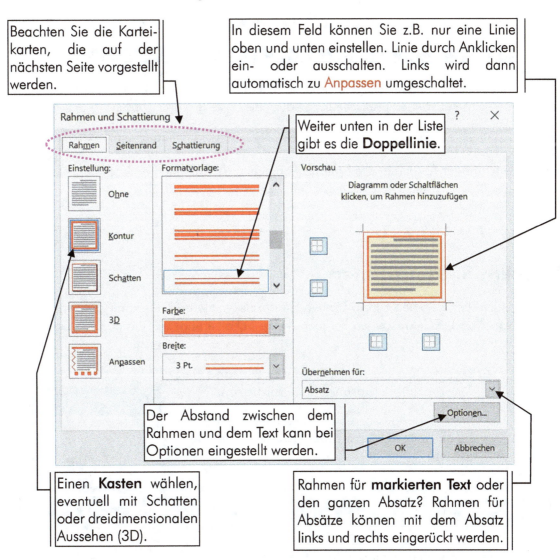

Beachten Sie die Kartei-karten, die auf der nächsten Seite vorgestellt werden.

In diesem Feld können Sie z.B. nur eine Linie oben und unten einstellen. Linie durch Anklicken ein- oder ausschalten. Links wird dann automatisch zu Anpassen umgeschaltet.

Weiter unten in der Liste gibt es die **Doppellinie**.

Der Abstand zwischen dem Rahmen und dem Text kann bei Optionen eingestellt werden.

Einen **Kasten** wählen, eventuell mit Schatten oder dreidimensionalen Aussehen (3D).

Rahmen für **markierten Text** oder den ganzen Absatz? Rahmen für Absätze können mit dem Absatz links und rechts eingerückt werden.

In diesem Menü **Rahmen und Schattierung** können Sie auf der **Karteikarte** Schattierung auch eine Schattierung individuell einstellen oder auf der **Karteikarte** Seitenrand eine Linie oder spezielle Muster um die ganze Seite zaubern.

11.4 Linien

Tipp: Mit einem Rahmen kann auch eine **Linie** oder ein Balken über die ganze Textbreite erstellt werden.

➢ Setzen Sie einen **leeren Absatz** durch Return,

➢ dann stellen Sie für diesen eine **Linie** wie abgebildet ein, entweder aus dem Abrollmenü oder dem Menü Rahmen und Schattierung wählen. Bei letzterem Menü stehen zahlreiche Einstellmöglichkeiten zur Verfügung.

Absatz mit Linie:

Mit Füllung (Muster auf der Karteikarte Schattierung) statt Linie:

♦ Bei der Schaltfläche „**Horizontale Linie**" (Abb. S. 58) ganz unten im Menü können grafische Linien aus einer Liste gewählt werden.

Auch in der Abrollliste des Symbols Rahmenlinien kann eine horizontale Linie gewählt, aber nicht eingestellt werden.

11.5 Ein Seitenrahmen

Nach dem gleichen Prinzip können Sie auf der mittleren Karteikarte „**Seitenrand**" bei „**Effekte**" einen Rahmen (keine Schattierung) um die ganze Seite legen.

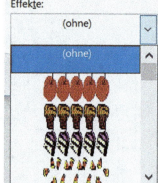

♦ Beachten Sie die Möglichkeit, den **Abstand** bei der Schaltfläche **Optionen** einzustellen

♦ sowie die interessanten Effekt-Rahmen, mit denen Sie die Seite mit Äpfeln oder Herzchen umranden können.

Diese schöne und einfache Alternative wurde bereits bei der Übung „Geburtstageinladung" vorgestellt.

12. Drucken

Jetzt sollte endlich das Drucken erwähnt werden.

> **Datei-Drucken** oder den Shortcut **[Strg]-p** wählen.

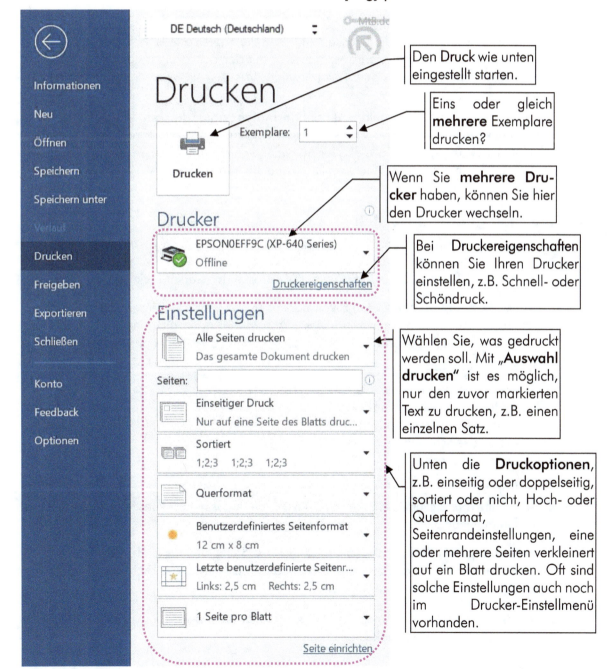

Den **Druck** wie unten eingestellt starten.

Eins oder gleich **mehrere** Exemplare drucken?

Wenn Sie **mehrere Drucker** haben, können Sie hier den Drucker wechseln.

Bei Druckereigenschaften können Sie Ihren Drucker einstellen, z.B. Schnell- oder Schöndruck.

Wählen Sie, was gedruckt werden soll. Mit „**Auswahl drucken**" ist es möglich, nur den zuvor markierten Text zu drucken, z.B. einen einzelnen Satz.

Unten die **Druckoptionen**, z.B. einseitig oder doppelseitig, sortiert oder nicht, Hoch- oder Querformat, Seitenrandeinstellungen, eine oder mehrere Seiten verkleinert auf ein Blatt drucken. Oft sind solche Einstellungen auch noch im Drucker-Einstellmenü vorhanden.

12.1 Einstellungen

12.1.1 Druckqualität und Papier

♦ Oben bei **Druckereigenschaften** können Sie Ihren Drucker einstellen. Weil es unterschiedliche Drucker gibt, sind jeweils andere Einstellmöglichkeiten vorhanden.

☞ Meist kann zwischen Schnelldruck mit schlechterer Qualität, Normaldruck und bester Druckqualität gewechselt werden, wobei letzteres natürlich mehr Zeit benötigt.

☞ Wichtig ist oft die Option **„ab der letzten Seite drucken"**, meist auf der Karteikarte **„Seite einrichten"** zu finden, denn bei Druckern, die die bedruckte Seite nach oben ausgeben, muss die letzte Seite zuerst gedruckt werden, damit die Blätter in der richtigen Reihenfolge ausgeworfen werden.

> Diese Einstellung für die Druckqualität und die Papiersorte ist bei Tintenstrahldruckern besonders wichtig! Nur mit der richtig eingestellten Papiersorte erzielen Sie gute Tintenstrahlausdrucke.

Wenn Sie mit einem Tintenstrahldrucker auf **normales Papier** drucken, ist normale Druckqualität ausreichend. Ausdrucke in Fotoqualität sind nur auf beschichtetem **Glossy-, bzw. Foto-Papier** möglich, dies ist dann auch im Menü als Papier/Medientyp bei der höchsten Druckqualität einzustellen.

12.1.2 Was soll gedruckt werden

Sie können alles drucken oder nur bestimmte Seiten.

♦ **Aktuelle Seite** druckt nur die Seite, auf der sich der Cursor befindet.

♦ Mit **Auswahl drucken** kann zuvor markierter Text gedruckt werden, z.B. nur ein Absatz von einer Seite. Dieser Absatz wird dann allerdings am oberen Blattrand gedruckt, nicht auf der ursprünglichen Seitenposition.

♦ Bei **Seiten** können Sie gezielt zu druckende Seiten angeben. Sie können entweder die Seitenzahlen einzeln durch Strichpunkt getrennt oder einen Bereich mit Bindestrich eintragen. Beispiele: 3;6;8;9-15;22;29-33

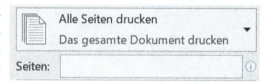

♦ **Sortiert**: wenn Sie mehrere Exemplare drucken, ist diese Option wichtig, damit Word erst ein Exemplar ausdruckt, danach das nächste anstatt z.B. fünfmal jede Seite.

♦ **Seiten pro Blatt**: Hiermit können Sie mehrere Seiten auf das eingestellte Papierformat drucken, z.B. zwei Seiten auf ein DIN A4-Blatt. Die Seiten werden entsprechend **verkleinert**.

Im zweiten Band folgt noch mehr über das Drucken, insbesondere was zum Drucken von mehrseitigen Dokumenten wichtig ist.

13. Weiteres zum Speichern

Als Fortsetzung zum **Kapitel 3** werden wir uns jetzt noch etwas gründlicher mit dem Speichern befassen. Wichtig ist es, eine **Kopie** erstellen zu können, z.B. als Datensicherung oder um einen Text auf USB-Stick zu transportieren.

13.1 Datei kopieren mit „Speichern unter"

Eine Kopie können wir mit dem Befehl **Speichern unter** erstellen. Damit eignet sich dieser Befehl für eine weitere Anwendung: wenn Sie einen ähnlichen Text erstellen wollen, können Sie das Original öffnen und mit **„Speichern unter"** eine Kopie erstellen.

Speichern unter steht für Speichern unter einem anderen Namen oder in einem anderen Ordner, bzw. Laufwerk. Mit Speichern unter können Sie deshalb auch eine Kopie z.B. auf einen USB-Stick erstellen.

➢ Öffnen Sie einen unserer ersten Übungstexte, z.B. MTB.

➢ USB-Stick anschließen, **Datei/Speichern unter** wählen und auf den USB-Stick als Ziellaufwerk wählen. Ergänzen Sie beim Dateinamen noch Kopie am Datum, wobei Sie statt Datum das aktuelle Datum angeben sollen. Achtung! Nun nicht an dieser Kopie weiterarbeiten, sondern diesen Text schließen und ggf. das Original von der Festplatte öffnen.

13.2 Die Systematik beim Speichern

♦ **Erstes Speichern:** automatisch sind Sie bei Speichern unter, weil der Ordner und Dateiname angegeben werden soll.

♦ **Nächstes Speichern:** es wird ohne Frage in diese Datei gespeichert. Der vorherige Stand ist damit überschrieben!

♦ **Speichern unter:** eine bereits gespeicherte Datei kann zusätzlich unter einem anderen Namen, in einem anderen Ordner oder auf einem anderen Laufwerk gespeichert werden.

Letzteres ist eine wichtige und praktische Möglichkeit:

♦ Sie können damit eine **Sicherungskopie** erstellen, indem Sie ein externes Speichermedium als Ziel wählen oder

♦ den Text als Vorlage für einen neuen Brief verwenden, indem Sie diesen unter einem anderen Namen abspeichern und dann den Text passend ändern.

13.3 Wohin mit den Texten?

Mit der Zeit sammeln sich immer mehr Texte an. Damit Sie den Überblick behalten, sollten die Texte in Ordner aufgeräumt gespeichert werden. Wir werden eine einfache Methode vorstellen, um Ordner zu erstellen. Weiteres finden Sie in unserem Windows-Buch oder in einem Windows-Kurs.

- Word 2019 ist so voreingestellt, dass Ihre Texte in den Ordner „**Dokumente**" (bei Bibliotheken) gespeichert werden.
  - ↪ Diesen Ordner legte Windows bei der Installation automatisch an.
  - ↪ Damit wissen Sie schon einmal, wo Ihre Texte zu finden sind.
  - ↪ In diesem Ordner sollten Sie zumindest passende Unterordner erstellen.
- Noch besser ist es, sich einen **Ordner für die Texte** anzulegen.
  - ↪ In diesem Ordner Texte werden weitere Unterordner, z.B. Briefe, Berichte, Protokolle, Rundschreiben usw. angelegt.

Werden solche **Unterordner** frühzeitig erstellt, ersparen Sie sich spätere, sehr arbeitsaufwendige Aufräumaktionen und viel Frustration, weil Sie in dem zwangsläufig entstehenden Dateichaos nichts mehr finden würden.

> In **Firmen** mit vernetzten Computern ist es am besten, alle Arbeiten in einen Ordner mit dem eigenen Namen als Ordnernamen zu speichern, natürlich in geeignete Unterordner aufgeräumt. So weiß jeder leichter, wem diese Dateien gehören oder wo Ihre Dateien zu finden sind, wenn von anderen Rechnern darauf zugegriffen wird.

Beispiel Ordnerstruktur:

Jeder produziert andere Dateien und benötigt somit auch andere Ordner.

Festplatte C oder Laufwerk XY:
▪ Ordner Annette Beispiel
o (Unterordner) Briefe
o (Unterordner) Berichte
o (Unterordner) Präsentationen
o (Unterordner) Kalkulationen

13.4 Vorteile der Ordner

- Sie finden die Texte schnell, können deshalb ähnliche Texte als Vorlage verwenden.
- Sie können alle Texte sichern, indem Sie diesen Ordner kopieren.
- Sie können nicht mehr benötigte Texte löschen, weil Sie den Überblick haben und ersparen sich so spätere Aufräumaktionen oder ständige Frustrationen, weil Sie Texte nicht finden oder lange suchen müssen.

Noch einmal die prinzipielle Vorgehensweise:

- Wenn Sie z.B. Ihren ersten Brief schreiben, erstellen Sie auf genau dieselbe Art und Weise im Ordner Dokumente einen **Unterordner Briefe**.
  - ↪ Alle weiteren Briefe werden in diesem Ordner abgelegt.

> Ordner sind wie richtige Aktenordner zum Sammeln und Aufräumen nach irgendeinem Kriterium, z.B. dem Typ (Brief, Protokoll, Studienarbeit usw.). Mit dieser Vorgehensweise werden Sie später Ihre Texte ohne Mühe wiederfinden.

13.5 Automatisches Speichern

Leider stürzt so gut wie jeder Rechner gelegentlich ab. Das kann sehr ärgerlich sein, wenn Sie gerade einen schönen Absatz fertig oder eine Tabelle schön formatiert hatten und noch nicht ans Speichern gedacht haben.

Um den Schaden zu begrenzen, verfügt Word über eine automatische Speicherfunktion. Zwar kann Word nicht ständig speichern, da dann der Rechner zu stark beschäftigt wäre, aber nach der Voreinstellung wird **alle 10 Minuten** der aktuelle Stand zwischengespeichert.

- Die Voreinstellung könnten Sie bei **Datei,** dann **Optionen,** ändern, indem Sie links **Speichern** anklicken.
  - ✎ Hier können Sie die Zeit für die automatische Sicherung (AutoWiederherstellen...) einstellen oder dies abschalten, außerdem sehen Sie, in welchen Order dies gespeichert wird.

13.6 Wiederherstellung

Wenn der Rechner abgestürzt ist, während ein Text geöffnet war, erscheint beim nächsten Starten von MS Word das Fenster zu Dokumentenwiederherstellung.

Sie können dann auswählen, ob Sie mit dem automatisch zuletzt gespeicherten Text oder dem Originaltext (den Sie zuletzt durch Klicken auf Speichern gespeichert hatten) weiterarbeiten wollen.

Da MS Word nur alle 10 Minuten zwischenspeichert, sind die letzten Änderungen verloren. Darum sollten Sie das Dokument gut prüfen und ggf. ergänzen.

- Daher ist es sehr sinnvoll, wenn eine Aktion gelungen oder abgeschlossen ist, z.B. eine Tabelle fertig oder ein Absatz geschrieben, manuell zu speichern.
  - ✎ Dann können Sie diesen Textteil abhacken und wissen bei einem Absturz, wo Sie ansetzen müssen.

> Diese AutoWiederherstellung ersetzt jedoch keinesfalls eine Datensicherung. Bei einem Defekt Ihrer Festplatte oder wenn Sie versehentlich Ihr Dokument löschen, ist schließlich alles inklusive der AutoWiederherstellen-Info vernichtet. Erstellen Sie darum regelmäßig Sicherungskopien auf austauschbare Datenträger wie USB-Sticks oder beschreibbare CDs, bzw. DVDs.

13.7 Übung Ordner

> ➤ **Erstellen** Sie folgende Ordner und Unterordner:

> ➤ **Schreiben** Sie zwei kurze Briefe und **Speichern** Sie diese in Briefe\Privat.

> ⮫ Keine doppelte Arbeit: ersten Brief schreiben, einstellen, speichern,

> ⮫ anschließend beim zweiten Brief nur den Text ändern und mit „Datei-Speichern unter" unter neuem Namen speichern.

```
Diskette oder USB-Stick:
  ⮫ Briefe
       ⮫ Privat
       ⮫ Behörden
       ⮫ Wohnung
  ⮫ Studium
       ⮫ NDL
       ⮫ Philosophie
       ⮫ Psychologie
```

♦ So kann eine einmal erstellte Briefvorlage ständig weiter benutzt werden. Genauso natürlich mit Studienarbeiten (oder Briefen, Berichten, Protokollen, Kochrezepten usw.):

> ⮫ den ersten Text mit „**Datei-Speichern unter**" unter neuem Namen kopieren und den Text überschreiben.

> ⮫ Alle Einstellungen (Titel, Inhaltsverzeichnis, Textformatierungen, Formatvorlagen) werden auf diese Art übernommen.

Ordner umbenennen, verschieben oder löschen:

> ➤ Erstellen Sie im Ordner Behörden einen neuen **Unterordner** Finanzamt und einen weiteren Unterordner „Steuer".

> ➤ **Verschieben** Sie den Ordner Behörden von Briefe direkt zu A:\ (mit [Strg]-X ausschneiden, Ordner zurück und mit [Strg]-V einfügen).

> ➤ **Löschen** Sie den Ordner „Steuer".

> ➤ **Benennen** Sie den Ordner NDL zu „Neuere deutsche Literatur" um.

> ➤ **Beenden** Sie alle geöffneten Programme.

Kopieren, Umbenennen, Löschen:

♦ Mit welchem Befehl können Sie eine Datei sehr sicher **kopieren**?

Datei-Sp_____

♦ Wie müssen Sie klicken, um eine Datei **umzubenennen**?

_____ - _____ - _____

♦ Wie gehen Sie vor, um eine Datei zu **löschen** (drei Schritte)?

> ➤ Datei-Ö____ oder -S_____ unter wählen, Datei m_____, dann die [E___]-Taste drücken.

> ➤ Löschen geht nicht, wenn die Datei noch in einem Programm geö_____ ist!

> ➤ Warum ist es gefährlich, wenn ein **ganzer Ordner** gelöscht wird?

_____

Dritter Teil

Sprache

Seite einrichten, Silbentrennung,
Rechtschreibprüfung, Schnellbausteine, Symbole

14. Seite einrichten, Silbentrennung

Die ersten Schritte in der Textverarbeitung haben wir hinter uns. Jetzt folgen einige praktische Funktionen, z.B. das Seitenformat und die Silbentrennung. Die Sonderzeichen und die Rechtschreibprüfung werden in den nächsten Kapiteln vorgestellt.

14.1 Seite einrichten

Jetzt haben Sie einen neuen Text, ein leeres Blatt. Im Folgenden wollen wir einige kleine Übungstexte erstellen, jeweils mit anderen Seiteneinstellungen.

➢ Schließen Sie alle geöffneten Texte, dann einen **neuen Text** starten.

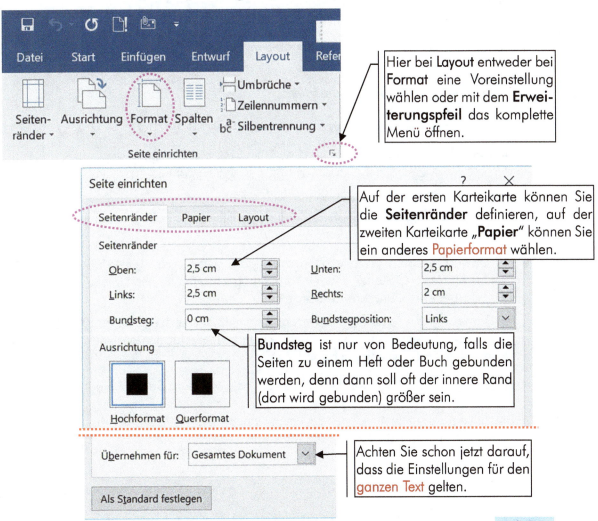

Hier bei **Layout** entweder bei **Format** eine Voreinstellung wählen oder mit dem **Erweiterungspfeil** das komplette Menü öffnen.

Auf der ersten Karteikarte können Sie die **Seitenränder** definieren, auf der zweiten Karteikarte „**Papier**" können Sie ein anderes Papierformat wählen.

Bundsteg ist nur von Bedeutung, falls die Seiten zu einem Heft oder Buch gebunden werden, denn dann soll oft der innere Rand (dort wird gebunden) größer sein.

Achten Sie schon jetzt darauf, dass die Einstellungen für den ganzen Text gelten.

Die zweite Karteikarte für das Papierformat:

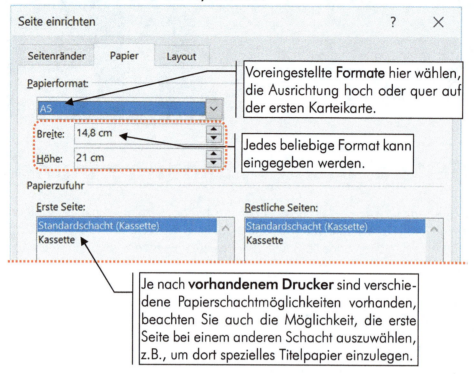

> ➤ Stellen Sie ein:
>   Papierformat **DIN A5 quer**, **Seitenränder** jeweils **3 cm**.

> ➤ Beachten Sie immer die **Vorschau** im obigen Layoutmenü.

Papiersorte und Druckoptionen voreinstellen:

Was hier erläutert wird, ist bei längeren Texten wichtig.

♦ **Papierzufuhr**: Im Word könnten Sie für die **erste Seite** einen anderen Papiereinzug des Druckers angeben, um z.B. bei einem Heft die erste Seite auf dickeres Umschlagpapier zu bedrucken.

    ↳ Das Umschlagpapier müsste dann in dem für die erste Seite gewähltem Einzug eingelegt werden.

♦ Bei **Datei/Optionen/Erweitert/Drucken** (ganz unten in der Liste) finden Sie die Word-Optionen mit den Einstellmöglichkeiten für den Druck, z.B. „**Umgekehrte Druckreihenfolge**".

    ↳ Damit wird die letzte Seite als erste gedruckt. Das ist bei Druckern sinnvoll, die das Papier mit der bedruckten Seite nach oben auswerfen, damit die Reihenfolge stimmt.

♦ Auf der Karteikarte Seitenränder könnten Sie bei „**Mehrere Seiten**" einstellen, dass diese gegenüberliegen. Damit wandelt sich die Einstellung des linken und rechten Randes zu einem Innen- und Außenrand, was vorteilhaft ist, wenn Sie Vorder- und Rückseite bedrucken wollen.

14.2 Die Silbentrennung

Bei langen Wörtern und Blocksatz ist die Silbentrennung besonders wichtig, damit die Zeilen nicht übermäßig auseinandergezogen werden.

> Die Silbentrennung nimmt Word automatisch vor, jedoch muss die Silbentrennung bei jedem neuen Text einmalig aktiviert werden.

Schreiben Sie folgenden Übungstext:

Großer Radwanderführer Deutschland

Zwischen Bodensee und Ostsee kann nun geradelt werden. 252 Radfahrtouren für Einzelräder, Gruppen oder Familienausflüge werden präzise beschrieben und die Streckenverläufe werden in übersichtlichen, farbigen Kartenausschnitten dargestellt.

➢ Den Text dann ein paarmal kopieren, bis mehrere Zeilen und Wörter vorhanden sind, die getrennt werden müssten, und ein kleineres Seitenformat, z.B. DIN A5, wählen. Dabei sehen Sie, dass vorerst die Silbentrennung noch ausgeschaltet ist.

Bei Layout können Sie nicht nur das Format auswählen:

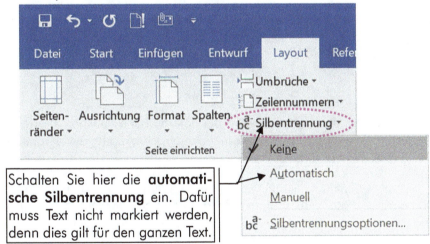

Schalten Sie hier die **automatische Silbentrennung** ein. Dafür muss Text nicht markiert werden, denn dies gilt für den ganzen Text.

Bei den Silbentrennungsoptionen erscheint dieses Menü:

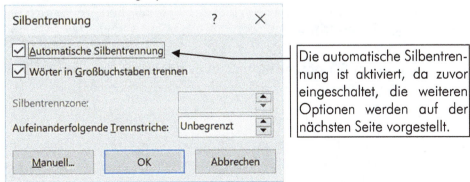

Die automatische Silbentrennung ist aktiviert, da zuvor eingeschaltet, die weiteren Optionen werden auf der nächsten Seite vorgestellt.

14.2.1 Die Silbentrennungsoptionen

♦ **Wörter in Großbuchstaben trennen**: komplett groß GESCHRIEBENE Wörter werden auch getrennt.

♦ Die **Silbentrennzone** bestimmt, wie klein die einzelnen Silben sein dürfen. Der Wert ist bei ganz kleiner oder großer Schriftgröße anzupassen.

    ↳ Eine große Silbentrennzone bedeutet weniger Trennungen, aber weiter auseinandergezogener Text.

    ↳ Aktuell ist diese Funktion deaktiviert, was aber bei jedem Update geändert sein könnte.

♦ **Aufeinanderfolgende Trennstriche**: In Büchern sollten maximal zwei Trennstriche aufeinander folgen, was hier vorgegeben werden kann. Ausnahmen: sehr schmale Textspalten, z.B. bei einer Zeitung.

    ↳ Die dritte Zeile wird einfach nicht mehr getrennt und kann daher weit auseinandergezogen sein, so dass eine manuelle Prüfung der Trennungen erforderlich ist.

14.2.2 Die Manuelle Silbentrennung

♦ Die Option **Manuell** im Silbentrennungs-Abrollmenü:

    ↳ Word geht mit Ihnen die Trennungen einzeln durch. Sie können dabei die vorgeschlagenen Trennungen akzeptieren (Ja), ablehnen oder verändern (Cursor auf andere Position setzen).

Beachten Sie die Markierung:

Dieses Menü könnten Sie einsetzen, wenn die automatische Funktion Wörter falsch oder gar nicht trennt. Hierfür gibt es jedoch eine praktischere Methode, die auf der nächsten Seite vorgestellt wird.

> Es ist notwendig, die Silbentrennungen zu überprüfen, da manche Fachausdrücke gar nicht, andere Wörter falsch getrennt werden.

14.2.3 Trennungen von Hand

♦ Für manuelle Silbentrennungen gibt es den **bedingten Trennstrich** mit **[Strg]-Bindestrich**, der nur am Zeilenende bei tatsächlicher Trennung gedruckt wird!

    ↳ **Trennen Sie darum nie mit dem normalen Trennstrich**, denn diese müssten Sie bei Textänderungen wieder entfernen!

➢ **Speichern** Sie den Text als Radwanderführer, dann schließen.

♦ Ob bedingte Trennstriche angezeigt werden sollen, kann bei **Datei/Optionen** und dort bei **Anzeige** eingestellt werden.

15. Rechtschreibprüfung

Wahrscheinlich sind Ihnen schon einige rot unterstrichene Wörter aufgefallen. Das ist die automatische **Rechtschreibprüfung**.

15.1 Das Prinzip

◆ Word verfügt über ein **Wörterbuch**.

    ↳ Jedes geschriebene Wort wird mit diesem Wörterbuch verglichen.

    ↳ Verwenden Sie ein Wort, das nicht im Wörterbuch enthalten ist, wird es markiert.

    ↳ Darum sind die rot unterstrichenen Wörter nicht unbedingt falsch!

◆ Damit sehen Sie die **Grenzen** der Rechtschreibprüfung:

    ↳ Besonders bei Fachtexten kennt Word sehr viele Wörter nicht.

    ↳ Die unbekannten Wörter können Sie in ein sogenanntes **Benutzerwörterbuch** aufnehmen.

    ↳ Sinnvoll für immer wiederkehrende Fachwörter, natürlich auch für Ihren Namen, Straße usw.

15.2 Die automatische Erkennung

◆ Bereits während dem Schreiben werden **unbekannte Wörter** rot unterstrichen.

    ↳ Anstatt die Rechtschreibprüfung in einer Marathon-Aktion über einen langen Text laufen zu lassen, kann sofort ausgebessert werden.

Übung automatische Rechtschreibprüfung:

➢ Schreiben Sie den Text mit einigen absichtlichen Fehlern.

Übung Rechtschreibkorrektur

Ties ist ein Feler, auch nach der näuen Rechtstreitreform. Sie wohnen in der Birne-Helena-Allee? Dann sollten Sie Ihre Strassse in das Benutzerwörterbuch aufnmen, ebensu wie öfter von Ihnen benutzte Fachwöhrter.

Korrektur starten:

Natürlich können Wörter auch herkömmlich geändert werden, indem Sie den Fehler löschen und richtig schreiben. Dann würden Sie die automatische Rechtschreibprüfung nur zur Fehlererkennung benutzen. Es geht jedoch oft mit den Korrekturvorschlägen einfacher.

- ♦ Auf einem rot unterstrichenen Wort die **rechte Maustaste** drücken.

- ♦ In der Abrollliste werden oben **Korrekturvorschläge** angezeigt. Je nach Wort manchmal mehrere, unter Umständen keiner.

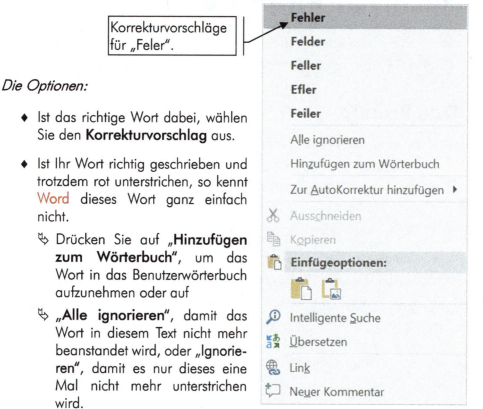

Korrekturvorschläge für „Feler".

Die Optionen:

- ♦ Ist das richtige Wort dabei, wählen Sie den **Korrekturvorschlag** aus.

- ♦ Ist Ihr Wort richtig geschrieben und trotzdem rot unterstrichen, so kennt Word dieses Wort ganz einfach nicht.
  - ☞ Drücken Sie auf **„Hinzufügen zum Wörterbuch"**, um das Wort in das Benutzerwörterbuch aufzunehmen oder auf
  - ☞ **„Alle ignorieren"**, damit das Wort in diesem Text nicht mehr beanstandet wird, oder **„Ignorieren"**, damit es nur dieses eine Mal nicht mehr unterstrichen wird.

- ♦ Klicken Sie auf **„Zur AutoKorrektur hinzufügen"**, wenn Word diesen Fehler zukünftig von selbst korrigieren soll.

- ♦ Für fremdsprachige Wörter können Sie im Menü Überprüfen bei **Sprache** diese wechseln, damit auch hierfür die Rechtschreibprüfung funktioniert.

Im Menü Überprüfen finden Sie alle Optionen, unten in der Statusleiste dies:

Das Menü Rechtschreibprüfung öffnen.

Sprache wechseln.

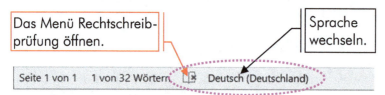

Das Menü Rechtschreibprüfung, die Grammatikprüfung und AutoKorrektur werden im zweiten Band vorgestellt.

16. Schnellbausteine alias AutoText

Statt wiederkehrende Texte neu zu schreiben, können diese gespeichert und somit schnell eingefügt werden.

16.1 Schnellbaustein definieren

Nehmen wir an, Sie arbeiten bei folgendem Verein:

> Verein zur Erhaltung und Pflege der Vereine zur Erhaltung und Pflege der Vereine zur Vereinserhaltung e.V.
> Sektion Deutschland
> Oberkirchner Str. 47 - 33444 Neukirch
> Tel.: (1231) 23 12 13 - 0 ◎ Fax: (1231) 23 12 13 – 223

Klar, dass Sie diesen Namen nicht allzu oft schreiben wollen. Also definieren wir ihn als **Schnellbaustein**:

> ➢ **Schreiben** Sie den Vereinsnamen einmal.

> ➢ Richtig formatieren (zentriert, Schriftgröße und Schriftart auswählen, evtl. Kapitälchen und Farbe) und dann komplett **markieren**.

> ➢ Auf der Karteikarte **Einfügen** bei **Schnellbausteine** „Auswahl im Schnellbaustein-Katalog speichern" wählen.
>
>> ✎ Diese Option ist nur wählbar, wenn der Text bereits markiert ist, der als Schnellbausteine definiert werden soll.

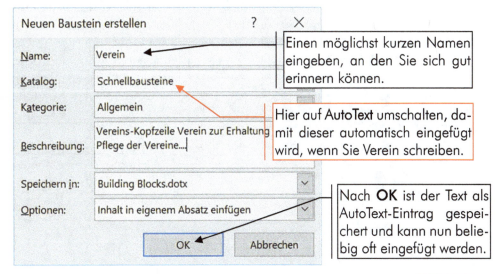

16.2 Schnellbaustein und AutoText einfügen

Die schnellste Methode:

> ➢ Schreiben Sie den **AutoText**-Namen „verein" und drücken Sie Return, sobald der Hinweis auf den AutoText erscheint.

Unterschied AutoText zum Schnellbaustein:

> ♦ Ein **Schnellbaustein** wird nicht automatisch während dem Schreiben angezeigt und mit Return eingefügt, sondern nach dem Schreiben des Namens ist [**F3**] für die Schnellbaustein-Funktion zu drücken oder dieser ist aus dem Schnellbaustein-Menü auszuwählen.

[F3]

> ☞ Sofort nach [**F3**] wird die Abkürzung durch den vollen Schnellbaustein-Eintrag ersetzt.

> [Alt]-[F3], um einen markierten Text als Schnellbaustein zu definieren und [F3] zum Einfügen eines Schnellbausteins, nachdem die Abkürzung (der Schnellbaustein-Name) geschrieben wurde.

> ➢ Nehmen Sie den Text noch einmal als **Schnellbaustein** statt AutoText auf und probieren Sie, diesen einzufügen, danach einen Eintrag im unten beschriebenen Menü **löschen**.

16.3 Das Menü

Im Menü „Organizer für Bausteine" bei **Einfügen/Schnellbausteine** sehen Sie alle Einträge und könnten Schnellbaustein-Einträge ändern oder löschen:

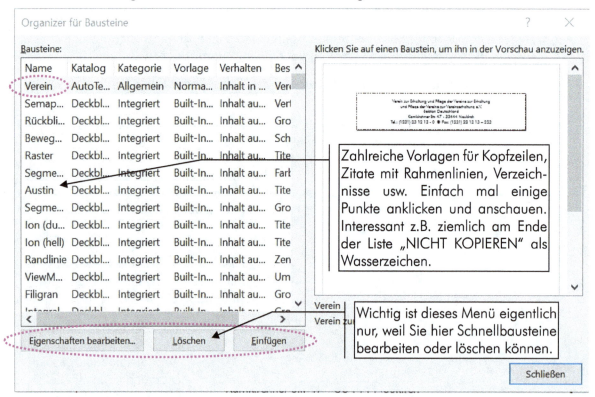

16.4 Noch ein Schnellbaustein

Wir üben mit noch einem Text aus der Praxis des Berufslebens.

➢ Definieren Sie folgenden Text als **Schnellbaustein** und formatieren Sie passend mit sehr kleiner Schrift.

➢ Vergeben Sie den Namen **LZ** für den Schnellbaustein:

> Auszug aus den Liefer- und Zahlungsbedingungen: Alle Preise verstehen sich frei Haus zuzüglich MwSt. (Inland) und sind freibleibend. Alle Angebote sind ausschließlich für Industrie, Handel, Gewerbe und ähnliche Institutionen. Die Ware bleibt bis zur vollständigen Bezahlung aller bisherigen und zukünftigen Rechnungen Eigentum von Versand & Versand Büroartikel GmbH & Co Kg. Ab einem Nettowarenumsatz von 100,- € Lieferung frei Haus, bei geringerem Auftragswert erheben wir einen Mindermengenzuschlag von 10 €. Die Lieferung erfolgt auf offene Rechnung und ist innerhalb von 10 Tagen mit 2 % Skonto oder in 30 Tagen netto Kasse zahlbar. Erfüllungsort ist der Sitz unserer Firma. Zwischenverkauf, Modell-, Farb-, Preisänderungen sowie Druckfehler vorbehalten.

➢ Schreiben Sie einen Brief mit einigen Angeboten und fügen Sie den **Schnellbaustein** in dieses Dokument ein.

Natürlich müssen Sie, was hier am Ende ganz klein erwähnt werden sollte, in einem Kurs nicht unbedingt den ganzen Übungstext schreiben.

16.5 Datensicherung Schnellbausteine

Schreiben Sie manchmal Angebote? Die Produkte Ihrer Firma können Sie ebenso als Schnellbausteine speichern.

➢ Speichern Sie folgenden Text als Schnellbaustein „**Word 2019-2**" ab:

> Word 2019-Schulungsbuch, Zweiter Band
> Taschenbuch, ca. 120 Seiten.

♦ Schnellbausteine werden in der Vorlagendatei **normal.dotm** gespeichert, die Sie in C:\Benutzer\Benutzername\AppData\Roaming\Microsoft\Templates finden.

♦ Wenn Sie viele Schnellbausteine erstellen, sollten Sie diese Datei bei Ihrer **Datensicherung** berücksichtigen!

  ✎ Oder einfacher einen Text erstellen, in dem Sie alle Ihre Schnellbausteine einfügen, diesen Text in Ihrem Standardordner speichern, dann könnten Sie, falls Sie Office neu installieren mussten, die Schnellbausteine aus diesem Text neu als Schnellbausteine definieren.

♦ Da diese Vorlagendatei bei jeder Word-Version in einem anderen Ordner gespeichert wird, probieren Sie am besten gleich, die Datei im Windows Explorer mit der Suchen-Schaltfläche rechts oben… und dem Eintrag **normal.dotm** zu finden.

16.6 Alternativen zum Schnellbaustein

♦ Ihren **Standardbrief** können Sie einmal als Muster speichern.

  ✍ Für jeden weiteren Brief diesen aufrufen und mit „Speichern unter" neu abspeichern. Damit sind alle Einstellungen, auch der immer gleiche Text von dem „Sehr geehrte …" bis zu „Mit freundlichen Grüßen" einschließlich der Kopf- und Fußzeile mit dem Briefkopf und der Bankverbindung vorhanden, nur der Brieftext muss angepasst werden.

♦ Für Adressen sollte die **Serienbrieffunktion** von Word genutzt werden. Dann werden die Adressen in einer Tabelle gespeichert (siehe zweiten Band).

16.7 Abschlussübung

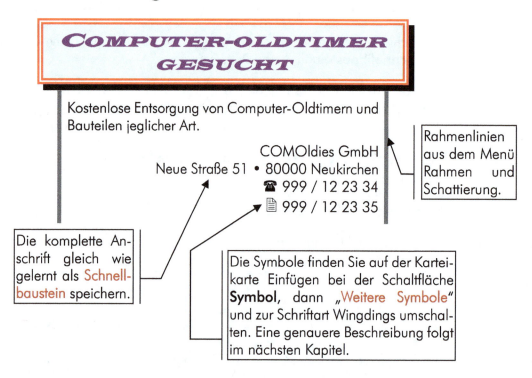

➢ Schreiben Sie die Anzeige, dann mit den Rahmenlinien formatieren und abschließend ausdrucken und ausschneiden.

Notizen: ....

....

....

....

17. Die Symbole

Symbole sind besondere Zeichen, die entweder nicht im deutschen Alphabet oder nicht auf der Tastatur vorhanden sind und mit denen Sie Texte ansprechender gestalten können.

17.1 Accent Aigu und Accent grave

Diese Zeichen können mit der normalen Tastatur erzeugt werden.

> ➢ Drücken Sie zuerst die **Akzentstriche** (bei der Rücktaste),

> ➢ dann schreiben Sie den Buchstaben.
>> ✎ Mit der [Umschalt]-Taste können Sie wählen: **é** oder **è**.

É
à

> Theodor Fontane: Cécile,
> à la Carte, à la jardinière
> Chicorée

17.2 Mit der [Alt Gr]-Taste

Das haben wir schon bei der Tastaturbeschreibung auf Seite 11 erwähnt. Der Vollständigkeit halber hier noch einmal:

Wichtige Sonderzeichen sind auf der Tastatur klein abgebildet (die dritte Bedeutung). Mit der **[Alt Gr]-Taste** (für Alternate Graphics) können Sie diese Zeichen schreiben.

> ➢ Neue Datei mit dem Papierformat 10x8cm und 2,5 cm Ränder.

> die Klammern: [d. Hrsg.], {Menge A},
> Hoch zwei und drei: 4^2, 7^3, 55^{23},
> den Backslash: \
> und das Pipeline-Zeichen: |,
> den Klammeraffen: @
> sowie das Ungefähr-Zeichen: ~
> und natürlich noch den Euro: € und das Mikro, bzw. Mü: μ

17.3 Symbole einfügen

Um die Schriften zu vervollständigen, gibt es auf jedem Windows-Rechner **Spezialschriften**, die nur aus Bildern und Sonderzeichen bestehen.

➢ Diese Symbole können Sie auf der Karteikarte **Einfügen** bei Symbol/Weitere Symbole… aktivieren.

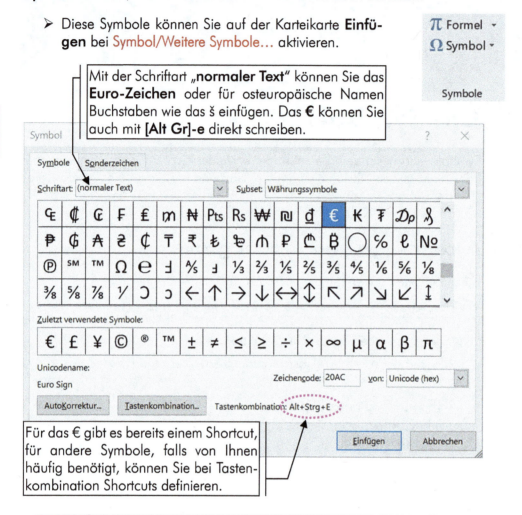

> Sie können ein Symbol entweder durch **Doppelklicken** einfügen, oder mit der Schaltfläche „Einfügen". Das Symbol wird dabei immer an der aktuellen Cursorposition eingefügt.

♦ Jede normale Schrift verfügt über wesentlich mehr Zeichen, als auf der Tastatur abgebildet sind. Um diese Sonderzeichen zu verwenden, wählen Sie im obigen Menü bei Schriftart die Option „(normaler Text)." So haben Sie Spezialzeichen passend zu Ihrer aktuellen Schriftart.

♦ Spezielle Schriften bestehen dagegen nur aus Bildern, z.B. WingDings.

Anleitung zum Anschauen der Symbolschriften:

♦ Drücken Sie den Pfeil bei Schriftart.

♦ Klicken Sie mit der Maus auf eine der nun angezeigten Schriftarten.

♦ Mit den **Richtungstasten** können Sie nun nach oben oder unten durchblättern und bekommen so die zur Verfügung stehenden Symbole auf einfachste Art und Weise angezeigt.

17.4 Die Spezialschriften

♦ Im Windows sind mehrere Spezialschriften enthalten, z.B. **Wingdings** (für Windows-Dinge) oder **Webdings**.

♦ Schauen Sie sich die schönen Bildchen unbedingt an. Eine kleine Auswahl der Zeichen bei Wingdings: ✎ ✂ ✄ 📖 ☎ ✉ 📬 📭 ⌨ & ✈ ⌘ ✠ ⊠ ☜ → ➤ ❧ ↙ ⇕ ⇓ ▫ ✓ 🏢

♦ Falls Sie andere Programme installiert haben, können weitere schöne Schriften installiert worden sein.

> Also blättern Sie einmal in Ruhe Ihre Sonderschriften durch! Je nach installierten Programmen finden sich auf jedem Rechner andere Schriften und Spezialschriften.

Übung Spezialschriften:

➢ Schreiben Sie folgendes, Papierformat A5 quer, 4 cm Seitenränder:

> Hallo Janina, ¶
>
> haben wir heute schon ☎iert? Wir ✈ morgen in den Urlaub und werden gewiss einen ✉ ✎. Also schau in den 📭 und sitz nicht immer vor dem 💻. ¶
>
> Tschüß ☺ ¶

➢ Ergänzen Sie die Symbole mit dem Menü bei **Einfügen/Symbol/Weitere Symbole**:

Beachten Sie die Schaltfläche „**Tastenkombination**". Dort können Sie eine Tastenkombination definieren, wenn Sie häufig ein Symbol benötigen, oder prüfen, ob eine Tastenkombination bereits festgelegt ist.

Übung Symbole:

➤ Schreiben Sie diese Übung, dabei ein spezielles Seitenformat von 8x6 cm und 2 cm Seitenränder einstellen:

> Œuvre • © Peter Patent ✈ ⑤‰ (Promille) ❀ Eine Mære ist ein altes Märchen • Frau von Staël • Alexandreïs • 5 £ ❀ ±5% ❀ © Copyright ❀ 4³ ❀ ¼ Pfund Mehl ❀ ¾ Liter¶

17.5 Ausländische Zeichen

Ausländische Namen sind in Geschäftsbriefen keine Seltenheit. Es hinterlässt einen besseren Eindruck, wenn Sie die Namen Ihrer Geschäftspartner oder Kunden richtig schreiben.

> Das ist möglich, weil den Standardschriften **Arial** und **Times New Roman** sowie einigen anderen Zeichen z.B. für Bulgarisch, Griechisch, Polnisch, Russisch, Slowenisch, Tschechisch und Ungarisch beigegeben sind.
>
> Außerdem ist die Schrift **Arial Unicode** vorhanden. **Unicode** ist ein Schriftsatz, der alle international gebräuchlichen Buchstaben enthält.

Die Anwendung in der Praxis für gelegentlich fehlende Zeichen:

♦ Sie schreiben solche Briefe ganz normal mit Times oder Arial.

♦ Suchen Sie mit **Einfügen-Symbole** die fehlenden ausländischen Buchstaben in diesen Zusatzschriften „Unicode" und fügen Sie diese wie gewohnt ein.

     ✏ Wenn Sie Symbole öfter benötigen, einen Shortcut einrichten und ggf. auf einem Zettel notieren.

➤ Eine Übung. Schreiben Sie mit der Schrift Arial:

> Anton Dvořák, Bedřich Smetana, Czyżewski, Żelazowa, Koželuch! Milanovič, le français…

Richtig schreiben könnten Sie mit ausländischen Schriften nur, wenn Sie entweder eine entsprechende **Tastatur** haben oder auswendig wissen würden, welche Buchstaben auf welcher Taste zu finden sind.

Im Windows kann bei **Start/Einstellungen/Zeit und Sprache/Region und Sprache** mit „Sprache hinzufügen" eine weitere Sprachenlayouts ergänzt werden, bei „Erweiterte Tastatureinstellungen" kann ein ausländisches Tastaturlayout gewählt werden. Oder unten rechts in der Taskleiste:

17.6 Die Sonderzeichen

Jetzt kommen wir zu der zweiten Karteikarte bei **Einfügen/Symbol/Weitere Symbole**. Hier finden Sie neben dem Gedankenstrich das Copyright-Zeichen und Zeichen für diverse Abstände.

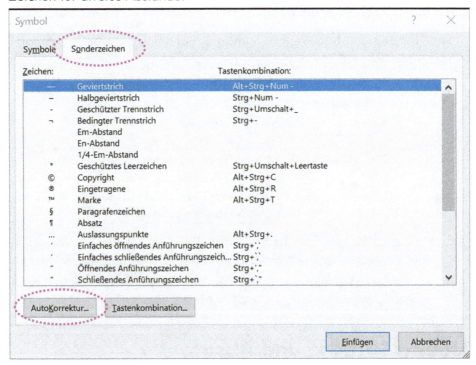

- Der kurze **Trennstrich** ist für Silbentrennungen (hier finden Sie auch den geschützten Trennstrich), der **Halbgeviertstrich** etwas länger und der Geviertstrich noch länger.

    ↳ **Geviert** ist eine alte Maßeinheit aus der Zeit des mechanischen Drucksatzes mit verschiebbaren Buchstaben.

- Die geschützten Zeichen, z.B. das **geschützte Leerzeichen**, werden beim Blocksatz nicht auseinandergezogen und sollten daher z.B. bei Angaben wie 20 € verwendet werden.

- Auch die **drei Punkte …** werden im Gegensatz zu manuell geschriebenen drei Punkten bei Blocksatz nicht auseinandergezogen und nicht getrennt.

- **Em-, En- und Geviertabstände** sind im Buchdruck bekannte Maße: Der EM-Abstand entspricht der Schrifthöhe (=Geviert), der EN ein Halbgeviert, also halbe Schrifthöhe. Ausführliche Informationen hierzu finden Sie bei www.wikipedia.de.

Die verschiedenen Bindestriche:

Normal: -   [Bindestrich] für automatsche Silbentrennung, nicht manuell setzen, hierfür den **bedingten Trennstrich** mit [Strg]-[Bindestrich]
Mittel: – [Strg]–[Minus]*   Zusammengesetzte Wörter
Lang: — [Strg]–[Alt]–[Minus]*   Gedankenstrich

*Achtung! Es ist das **Minus** rechts aus dem Zahlenblock zu verwenden, der Bindestrich bei Ö, Ä würde eine bedingte Silbentrennung setzen.

17.7 AutoKorrektur

AutoKorrektur-Einträge dienen üblicherweise dazu, z.B. eine Abkürzung durch den vollen Namen automatisch ersetzen zu lassen. Hier können Sie veranlassen, dass beim Eingeben einer Zeichenfolge ein Symbol oder ein spezieller Text sofort automatisch eingefügt wird.

♦ **Einfügen/Symbol/Weitere Symbole**, dann entsprechendes Symbol

♦ wählen und die Schaltfläche AutoKorrektur drücken, dann den Begriff eintragen, der durch das Symbol ersetzt werden soll.

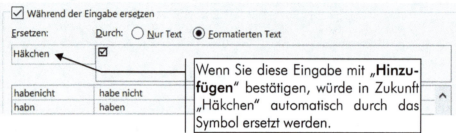

☑ Während der Eingabe ersetzen

Ersetzen: Durch: ○ Nur Text   ● Formatierten Text

Häkchen	☑
habenicht	habe nicht
habn	haben

Wenn Sie diese Eingabe mit „**Hinzufügen**" bestätigen, würde in Zukunft „Häkchen" automatisch durch das Symbol ersetzt werden.

➢ Probieren Sie das Beispiel ruhig aus. Ggf. danach das AutoKorrektur Menü erneut öffnen, den Eintrag in der Liste suchen und wieder löschen.

✎ Zur **AutoKorrektur** kommen Sie auf diesem Wege: Datei/Optionen/Dokumentprüfung/„AutoKorrektur-Optionen".

17.8 Übung Sprache und Absatz

➢ **Seitenformat** 6 x 9 cm, Seitenränder je 0,8 cm, die **Silbentrennung** aktivieren, Text schreiben, dabei auf **Absatzmarken** und neue Zeilen achten! Langen **Bindestrich** verwenden ([Strg]+[Minus]).

➢ Text formatieren (Schriftart, -größe), dann den Text mit den „Verben" markieren und bei Seitenlayout **zwei Spalten** mit 0,6 cm Abstand einstellen.

➢ Als **Sprache** jeweils passend Deutsch oder Englisch zuweisen und hängenden Absatz wie abgebildet einstellen.

**Die Stammformen
der unregelmäßigen Verben[2]**
Irregular Verbs
Mit Stern (*) gekennzeichnete unregelmäßige Verben können auch durch die regelmäßig gebildete Form ersetzt werden.

Abide (*bleiben*) – abode* – abode*

awake (*erwachen*) – awoke –awoke*

be *(sein)* – was – been

bear *(tragen, gebären)* – bore – *getragen:* borne – *geboren:* born

beat (schlagen) – beat – beaten

beget (zeugen) – begot – begotten

begin (anfangen) – began – begun

bend (beugen) – bent – bent

bereave (berauben) – bereft* – bereft*

bet (wetten) – bet* – bet*

---

[2] Auszug aus Langenscheidts Universal–Wörterbuch Englisch, 35. Auflage, ISBN 3-468-18121-3

Vierter Teil

Tabellen

Tabulatoren und Tabellen zum Ausrichten von Text

18. Tabulatoren

Tabellen und Tabulatoren benötigen Sie in vielen Dokumenten. Tabulatoren sind zwar oft unbeliebt, zu Unrecht aber, wie Sie im Folgenden sehen werden.

- ◆ Mit **Tabulatoren** kann ein Text eingerückt werden.
  - ✎ Der Text steht dann wie in Spalten schön und genau untereinander.
  - ✎ Gut für kurze Abschnitte oder mitten im Text.

- ◆ Eine **Tabelle** (siehe nächstes Kapitel) erfüllt den gleichen Zweck,
  - ✎ ist wegen der einfacheren Bedienung für längere Textblöcke besser.
  - ✎ Tabellen können mit Tabellenlinien verschönert werden.

18.1 Tabulatoren anstatt Leertasten

Viele rücken den Text umständlich und unprofessionell mit vielen Leerzeichen ein. Wird jedoch der Text oder die Schriftgröße verändert, muss alles neu eingestellt werden.

Lassen Sie sich von den Tabulatoren überzeugen, um Text übersichtlicher zu gestalten. Hier die erste Übung:

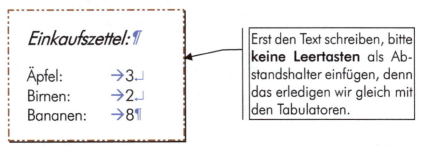

Für diese einfache Auflistung brauchen wir noch keine Tabelle. Tabulatoren setzen Sie mit der **[Tab]-Taste**.

- ➤ Text schreiben, dabei hinter dem Doppelpunkt jeweils einen **Tabulator** mit der Tabulatortaste setzen.

- ➤ Am Zeilenende drücken Sie [Umschalt]-[Return] für eine neue Zeile, einen neuen Absatz mit Return erst am Ende hinter „Bananen: 8.
  - ✎ Hätten Sie mehrere Absätze, müssten alle Absätze markiert werden, um Tabulatoren zu ändern. Vergessen Sie das Markieren, entsteht ein Chaos durch unterschiedlich eingestellte Tabulatoren.

18.2 Tabulatoren setzen

Tabulatoren können in dem Lineal gesetzt werden, welches Sie oben unter dem Symbolband finden, falls nicht, mit **Ansicht/Lineal** einschalten:

> ➢ **Tabulatoren setzen**: klicken Sie einmal in der unteren Hälfte des Lineals, so wird an dieser Stelle ein Tabulator gesetzt.

> ➢ **Tabulatoren verschieben**: existierende Tabulatoren können Sie mit der Maus im Lineal anfassen und waagerecht verschieben.

> ↬ Dabei müssen Sie genau im Lineal bleiben, sonst löschen Sie den Tabulator. Darauf achten, dass der Tabulator im Lineal sichtbar bleibt.

> ➢ **Tabulatoren löschen**: ziehen Sie einen Tabulator nach unten aus dem Lineal heraus, dann Maustaste loslassen, so wird der Tabulator gelöscht.

> ♦ Falls die **Tabulatoren** im Text nicht sichtbar sein sollten, über **Datei/Optionen** bei Anzeige diese einschalten.

Übung fertig stellen:

> ➢ Wir haben nur einen Absatz. Darum reicht es, den **Cursor** in den Absatz zu setzen, um den Absatz auszuwählen.

> ➢ Drücken Sie irgendwo in dem Lineal, eher zu weit rechts, um den ersten Tabulator zu **setzen**.

> ➢ **Verschieben** Sie den Tabulator in Etappen nach links, bis die Anordnung der Zahlen stimmt.

18.3 Verschiedene Tabulatoren

Zwei Teile gehören zu den Tabulatoren. Einmal ist ein **Tabulatorzeichen** mit der [Tab]-Taste im Text zu setzen, zum anderen ist die **Tabulatorposition** im Lineal einzustellen.

> ➢ Beginnen Sie eine neue Übung und schreiben Sie den folgenden Text.

> ↬ An den richtigen Stellen gleich beim Schreiben wie mit dem „→" abgebildet **Tabulatoren** mit der [Tab]-Taste setzen:

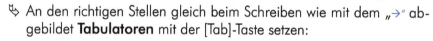

rechtsbündig	linksbündig	zentriert	dezimal
→ Art.-Nr.	→Bezeichnung	→Lagerzeit	→€ / Kilo ¶
→ 1001	→Äpfel	→6 Wochen	→7,89 €↵
→ 1002	→Bananen	→2 Wochen	→14,90 €↵
→ 100356	→Kürbisse	→8 Wochen	→9,90 €↵
→ 100444	→Paprika	→4 Tage	→23,67 €¶

Erst wenn alles fertig eingestellt ist, hinter **€ / kg** ein [Return] setzen, um für diese Zeile den Tabulator gesondert zu verschieben.

Gerade haben wir den voreingestellten linksbündigen Tabulator verwendet. Genauso wie ein Absatz linksbündig, zentriert oder rechtsbündig ausgerichtet werden kann, ist dies auch bei Tabulatoren möglich.

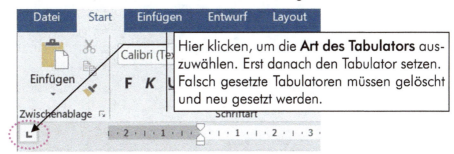

Mit jedem Klick wird zu dem nächsten Tabulator gewechselt:

- **linksbündig**: der Text ist links untereinander angeordnet,

- **zentriert**: der Text ist auf die Textmitte ausgerichtet,

- **rechtsbündig**: der Text ist rechts ausgerichtet,

- **dezimal**: für Zahlen, Preisangaben usw., weil das Komma immer untereinandersteht.

Weitere Symbole bei den Tabstopps:

- **Vertikale Linie Tabstopp**: hiermit kann ohne Auswirkung auf die Text- und Tabulatoranordnung eine **senkrechte Linie** eingefügt werden.

- Nach dem Leiste-Tabstopp folgt noch ein Symbol für den Erstzeileneinzug und

- für den hängenden Einzug.
  - ✎ Mit diesen beiden letzten Symbolen springen Sie zu den jeweiligen Schiebern im Lineal, um den Absatz einzurücken.

  - ➢ Stellen Sie den ersten Tabulator **rechtsbündig** ein und setzen Sie diesen im Lineal. Umschalten auf **linksbündig**, ebenfalls setzen usw.

Bei Problemen die untenstehenden Hinweise gründlich lesen!

18.4 Probleme bei Tabulatoren

- Tabulatoren können zu einem Problem werden, wenn nicht genügend Abstand zwischen den Tabulatoren vorhanden ist.
  - ✎ Der Text hat nicht genügend Platz und springt in das nächste Tabulatorfeld, ein **Chaos** entsteht.

  - ✎ Darum am besten links anfangen, diesen Tabulator hinschieben, bis die erste Spalte klar erkennbar ist.

  - ✎ Erst dann mit dem nächsten Tabulator weitermachen.

  - ✎ Bei Chaos lieber alle Tabulatoren löschen und mit dem ersten erneut langsam anfangen.

18.5 Noch zwei Übungen

Tabulatoren sind anfangs schwierig, aber sehr nützlich und wichtig, darum noch zwei Übungen.

> Noch einen leeren Tabulator hinter Tel. setzen, damit die Unterstreichung weitergeht.

Telefonliste

Name	Abteilung	Tel.
Tember, Sep	Chef	233344-4
Ust, Aug	Vertrieb	2344-122
Mber, Deze	Einkauf	345566-233
Vember, No	Test	7682344-455

Unsere Öffnungszeiten:

(rechtsbündiger Tabulator)

jeden Wochentag:	9^{00} - 12^{00} Uhr
zusätzlich Di, Do:	15^{00} - 18^{00} Uhr
Samstag von:	8^{00} - 12^{00} Uhr

18.6 Hochstellen

Die hochgestellten Zahlen ^{00} :

♦ 00 markieren, rechte Maustaste darauf drücken, Schriftart aus dem Abrollmenü wählen und **Hochgestellt** ankreuzen.

♦ Schneller geht es mit dem **Symbol** oder der Tastaturabkürzung für hochstellen **[Strg]+**, wobei das Plus links neben der Return-Taste zu verwenden ist, das Plus auf dem Zahlenblock ganz rechts geht nicht.

    ↳ Noch einmal **[Strg]+** schalten wieder zur normalen Textposition.

Rationeller arbeiten:

♦ Sie können die ersten hochgestellten 00 mit [Strg]-C kopieren und bei den nächsten Zahlen mit [Strg]-V einfügen.

    ↳ Oder am Ende mit „**Format übertragen**" die hochgestellte Formatierung auf die anderen Nullen übernehmen.

    ↳ Mit diesen Methoden müssen Sie nur einmal hochstellen.

19. Tabellen

Tabulatoren sind für kurze Listen in einem Text unerlässlich. Wenn es mehrere Spalten und Zeilen gibt, ist eine **Tabelle** meist besser geeignet.

Denn bei einer Tabelle haben Sie übersichtliche Spalten und Word kann Tabellen automatisch mit Linien und Füllmustern verschönern.

19.1 Tabelle erstellen

> ➤ Wir wollen einen Stundenplan erstellen, neues Dokument, erst einige leere Absätze erzeugen, dann bei Einfügen auf das Symbol für **Tabelle** klicken und einige Zeilen und Spalten im Abrollmenü wählen:

In dem erscheinenden Abrollmenü mit der Maus angeben, wie viele Zeilen und Spalten die Tabelle vorerst enthalten soll, Sie müssen dabei die Maustaste nicht gedrückt halten, wenn es passt, einmal klicken.

Erstellen Sie eine Tabelle mit 4 Spalten und Zeilen und füllen Sie die Felder (Zellen) der Tabelle mit folgendem Text:

Montag	Dienstag	Mittwoch	Donnerstag

Spalte

Zeile

Zelle

In das **nächste Feld** einer Tabelle gelangen Sie mit den Richtungstasten, der Tabulator-Taste oder einfach mit der Maus dort klicken.

19.2 Spalten oder Zeilen ergänzen

geht mit der rechten Maustaste, wenn vorher richtig markiert wurde.

19.2.1 Spalten hinzufügen

➤ Absichtlich fehlt noch eine Spalte für den **Freitag**. Ergänzen wir eine Spalte am Ende der Tabelle:

> Die Maus am oberen Rand der Spalte bewegen, bis der dicke Markierungspfeil erscheint, dann die rechte Maustaste drücken und im Abrollmenü Einfügen/Spalten rechts einfügen wählen.

Montag	Dienstag	Mittwoch	Donnerstag	
Englisch	Sport	Geschichte	Physik	o
Physik	Musik	Religion	Sozialkunde	o
Deutsch	Mathe	Deutsch	Englisch	o

➤ **Füllen** Sie die Tabelle weiter wie abgebildet aus.

19.2.2 Zeilen ergänzen

Auch hierfür gibt es mehrere Möglichkeiten, von denen die zwei praktischsten vorgestellt sein sollen.

Montag	Dienstag	Mittwoch	Donnerstag	Freitag
Englisch	Sport	Geschichte	Physik	Deutsch
Physik	Musik	Religion	Sozialkunde	Französisch
Deutsch	Mathe	Deutsch	Englisch	Erdkunde

> Links neben der letzten Zeile die rechte Maustaste drücken – damit ist die Zeile markiert und aus dem erscheinenden Abrollmenü **Einfügen-Zeilen unterhalb einfügen** wählen.

> Oder den Cursor vor das Zeichen am Zeilenende setzen und dann [Return] drücken.

19.2.3 Zeilen oder Spalten markieren

Dazu gibt es folgende Möglichkeiten, die Sie alle ausprobieren sollten:

♦ Mit der Maus durch **Ziehen** über die ganze Zeile oder Spalte.

♦ Links im Seitenrand auf der Höhe der **Zeile** einmal klicken.

    ↳ Auf dem linken Seitenrand können Sie ebenfalls **mehrere Zeilen** markieren, wenn Sie die Maustaste gedrückt halten.

◆ Am obersten Rand der Tabelle klicken, um **eine Spalte** zu markieren.

    ✎ Die richtige Position erkennen Sie daran: Der **Mauspfeil** wechselt zu einem kleinen Pfeil⬇, der auf die Spalte weist.

    ✎ Wenn Sie die Maustaste gedrückt halten, können Sie **mehrere Spalten** oder sogar die ganze Tabelle markieren.

◆ Wenn Sie statt der linken gleich die **rechte Maustaste** an der richtigen Position drücken, wird zugleich markiert und das Abrollmenü geöffnet.

◆ Ist Ihnen die Mausbedienung zu unsicher, geht es gemütlicher über das Menü **Layout** (erscheint nur, wenn Tabelle angeklickt ist).

    ✎ Dort können Sie bei dem Punkt **Auswählen** eine Zeile, Spalte oder die ganze Tabelle markieren.

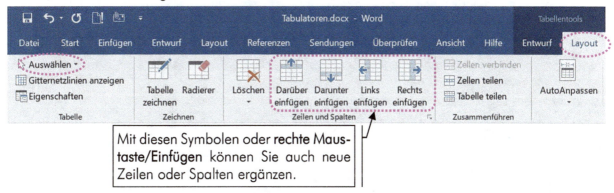

Mit diesen Symbolen oder **rechte Maustaste/Einfügen** können Sie auch neue Zeilen oder Spalten ergänzen.

19.2.4 Zeilen und Spalten verschieben

> Ist eine Zeile oder Spalte **markiert**, kann diese mit der Maus an eine andere Position gezogen werden.

➢ Markieren Sie die Spalte **Donnerstag**.

➢ **Vertauschen** Sie die Spalten Donnerstag und Dienstag.

    ✎ Korrigieren Sie dies wieder durch den Befehl **Rückgängig**.

➢ Ziehen Sie die **Zeile Englisch** hinter die Zeile Deutsch, anschließend diese Änderung wieder rückgängig machen.

➢ Ergänzen Sie eine Spalte für die **Zeit** und noch zwei Zeilen für die Fächer.

So sollte es werden:

Zeit	Montag	Dienstag	Mittwoch	Donnerstag	Freitag
8^{00}-8^{45}	Englisch	Sport	Geschichte	Physik	Deutsch
8^{45}-9^{30}	Physik	Musik	Religion	Sozialkunde	Franz.
9^{30}-10^{15}	Deutsch	Mathe	Deutsch	Englisch	Erdkunde
Pause					
10^{45}-11^{30}	Mathe	Physik	Biologie	Deutsch	Physik
11^{30}-12^{15}	Biologie	Englisch	Mathe	Mathe	Englisch
12^{15}-13^{00}	Franz.	Deutsch	Englisch	Franz.	

19.3 Tabelle verschönern

Die Tabelle ist im Rohbau fertig. Word verfügt über einige sehr schöne Tabellenvorlagen, die Sie zuweisen können.

➤ Cursor in die Tabelle setzen und zur Karteikarte **Entwurf** wechseln:

Hier können Sie die Tabelle individuell anpassen, z.B. ob die letzte Zeile oder Spalte fett formatiert werden soll?

Diesen Pfeil anklicken, um das Abrollmenü mit den **Tabellenvorlagen** aufzuklappen.

➤ Gehen Sie die Formate durch, dann ein passendes **Tabellen-Design** zuweisen.

   ✎ Sobald Sie die Maus auf einer Vorlage etwas ruhen lassen, wird das Ergebnis an der Originaltabelle angezeigt.

➤ Nach dem Zuweisen einer Vorlage kann die Tabelle noch individuell verschönert werden, indem die gewünschten Zeilen oder Spalten markiert und dann z.B. mit **Rahmen und Schattierung** formatiert werden.

   ✎ Im obigen Menü könnte mit **Tabellenformatvorlage ändern** nur die Voreinstellung angepasst werden, wobei in dem erscheinenden Menü nur wenige Einstellmöglichkeiten bestehen.

19.3.1 Spaltenbreite anpassen

Im Menü Layout finden Sie die Option **AutoAnpassen** mit diesen Auswahlmöglichkeiten im Abrollmenü:

AutoAnpassen:

♦ Mit der ersten Option wird die Spaltenbreite an den enthaltenen Text angepasst. Die Spalten werden also soweit verkleinert wie bei dem vorhandenen Textinhalt möglich ist.

  ↳ Auch wenn mehrere Zellen bereits verbunden wurden, kann diese Funktion noch verwendet werden, da die verbundenen Zellen nicht zusammengestaucht werden.

♦ Mit „**Automatisch an Fenster anpassen**" wird die Tabelle auf Textbreite eingestellt, d.h. bis zum Seitenrand ausgedehnt.

♦ **Feste Spaltenbreite:** die Spalte wird nicht fixiert, d.h. Sie können weiterhin mit der Maus die Spaltenbreite manuell verändern,

  ↳ aber wenn Sie längeren Text eintragen, wird die Spaltenbreite nicht automatisch angepasst, sondern der Text umgebrochen,

  ↳ ähnlich werden eigefügte Bilder nur bis zum Rand der Spalte angezeigt.

Zeilen oder Spalten verteilen:

♦ **Spalten verteilen** verteilt die Spalten so, dass jede Spalte genau die gleiche Breite besitzt.

  ↳ Die gesamte Breite der Tabelle wird dabei nicht verändert.

♦ Ähnlich wie voriges wirkt **Zeilen verteilen**, nur in vertikaler Richtung.

  ↳ Wenn z.B. eine Zeile mehrspaltig ist, erhalten die anderen Zeilen die gleiche Höhe, auch wenn diese nur eine Zeile enthalten.

  ↳ Dabei wird die gesamte Höhe der Tabelle verändert, wenn mehrspaltige Zeilen vorhanden sind.

> Falls nicht das gewünschte Ergebnis eintritt, sofort rückgängig!

Spaltenbreite manuell anpassen:

Maus über einen Spaltenrand bewegen, sobald der Mauspfeil zu einem Doppelpfeil wechselt können Sie mit gedrückter Maustaste die Spaltenbreite individuell einstellen.

19.3.2 Zellen verbinden

Die Pausenzeile soll ein riesengroßes Feld werden:

Zellen verbinden

➤ Markieren Sie die ganze **Pausenzeile**.

➤ Wählen Sie **rechte Maustaste-Zellen verbinden** oder das Symbol bei Layout.

➤ Stellen Sie für die **Pausenzeile** die Absatzausrichtung **zentriert** ein, was auch bei Layout möglich ist.

➤ Markieren Sie Pause und **sperren** Sie es mit **9 pt** (Karteikarte Start, dort den Erweiterungspfeil bei Schriftart, dann Karteikarte Erweitert), zusätzlich **fett** einstellen.

Das Ergebnis ist eine Pausenzeile:

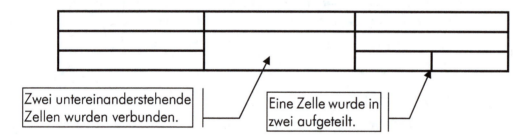

9^{30}-10^{15}	Deutsch	Mathe	Deutsch	Englisch	Erdkunde
– P a u s e –					
10^{45}-11^{30}	Mathe	Physik	Biologie	Deutsch	Physik

Weitere Möglichkeiten:

◆ Es können auch untereinanderstehende Zellen verbunden werden, wenn die Zellen oder die ganze Spalte vorher markiert wurden! Das geht genauso mit dem Befehl „**Zellen verbinden**".

Zwei untereinanderstehende Zellen wurden verbunden.

Eine Zelle wurde in zwei aufgeteilt.

Der umgekehrte Weg ist mit **Tabellentools/Layout/Zellen teilen** möglich. Dabei wird sogar gefragt, ob Sie die Zelle in mehrere Spalten oder horizontale Zeilen aufteilen wollen.

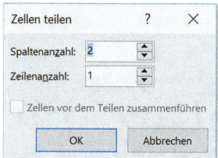

19.3.3 Tabelle farbig formatieren

⧗	MONTAG	DIENSTAG	MITTWOCH	DONNERSTAG	FREITAG
8^{00}-8^{45}	Englisch	Sport	Geschichte	Physik	Deutsch
8^{45}-9^{30}	Physik	Musik	Religion	Sozialkunde	Franz.
9^{30}-10^{15}	Deutsch	Mathe	Deutsch	Englisch	Erdkunde
10^{15}-10^{45}	♫ *Pause* ♫				
10^{45}-11^{30}	Mathe	Physik	Biologie	Deutsch	Physik
11^{30}-12^{15}	Biologie	Englisch	Mathe	Mathe	Englisch
12^{15}-13^{00}	Franz.	Deutsch	Englisch	Franz.	—

Vorgehen:

➢ Die Tabelle mit Tabellen**formatvorlagen** ansprechend gestalten.

➢ Die **Spaltenbreite** lässt sich mit der **Maus** zusätzlich manuell einstellen.

> Jede Zeile oder Spalte kann anschließend von **Hand geändert** werden, indem Sie diese markieren und im Tabellentools/Entwurf-Menü entweder **Schattierung** oder **Rahmenarten** wählen.

19.4 Weitere Einstellungen

19.4.1 Tabelle definieren

Wenn Sie die rechte Maustaste auf der Tabelle drücken und **Tabelleneigenschaften** wählen, können Sie alle Werte der Tabelle einstellen, z.B. die Zeilenhöhe oder Spaltenbreite.

> Wollen Sie einzelne Bereiche, z.B. nur eine Spalte, einstellen, diese vorher markieren.

Sie können in diesem Menü auf vier Karteikarten folgendes einstellen:

♦ Karteikarte **Tabelle**: die Ausrichtung der gesamten Tabelle.

  ↳ Die Tabelle kann auch ganz links oben an dem Kästchen mit der Maus angefasst und verschoben werden.

  ↳ Hier kann der **Textumbruch** für eine Tabelle aktiviert werden, so dass der Text rechts oder links neben der Tabelle weiterläuft, s. Beispiel rechts.

Die Tabelleneigenschaften:

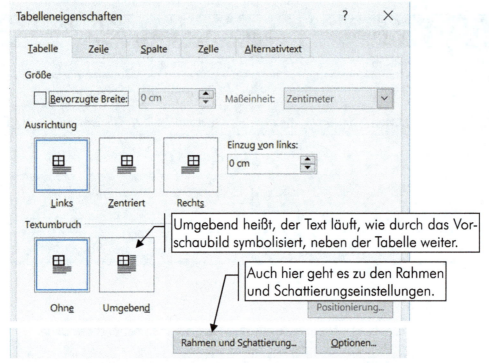

Umgebend heißt, der Text läuft, wie durch das Vor-schaubild symbolisiert, neben der Tabelle weiter.

Auch hier geht es zu den Rahmen und Schattierungseinstellungen.

Bei den Karteikarten **Zeile** und **Spalte** kann die Zeilenhöhe oder Spaltenbreite genau vorgegeben werden. Das ist manchmal nützlich, wenn Sie genau wissen, wie breit eine Spalte sein soll.

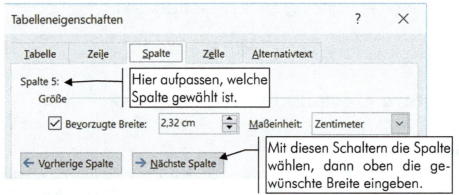

Hier aufpassen, welche Spalte gewählt ist.

Mit diesen Schaltern die Spalte wählen, dann oben die gewünschte Breite eingeben.

19.4.2 Die Textposition

♦ Auf der vorletzten Karteikarte **Zelle** kann die vertikale Textausrichtung bestimmt werden.

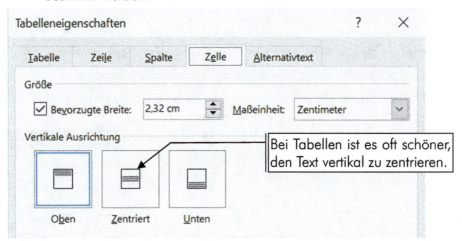

Bei Tabellen ist es oft schöner, den Text vertikal zu zentrieren.

Unten im Zelle-Menü verbergen sich bei **Optionen** *diese Einstellungen:*

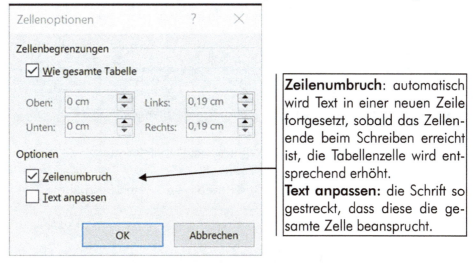

Zeilenumbruch: automatisch wird Text in einer neuen Zeile fortgesetzt, sobald das Zellenende beim Schreiben erreicht ist, die Tabellenzelle wird entsprechend erhöht.
Text anpassen: die Schrift so gestreckt, dass diese die gesamte Zelle beansprucht.

Auf der letzten Karteikarte Alternativtext kann ein Text eingetragen werden, der alternativ zum eigentlichen Text erscheint, wenn die Tabelle im Internet noch geladen wird oder nicht korrekt geladen werden kann. Diese Karteikarte ist damit nur interessant, wenn eine Tabelle im Internet veröffentlicht werden soll.

19.4.3 Weitere Eingabemöglichkeiten

Fast alle wichtigen Einstellungen sind auch erreichbar, wenn Sie die rechte Maustaste auf der Tabelle drücken.

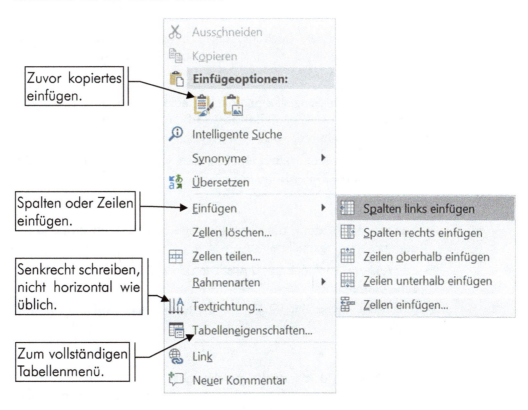

Zuvor kopiertes einfügen.

Spalten oder Zeilen einfügen.

Senkrecht schreiben, nicht horizontal wie üblich.

Zum vollständigen Tabellenmenü.

Je nachdem, was markiert war, werden passende Befehle angezeigt.

19.4.4 Übung Terminplan

➢ Erstellen Sie eine neue Übungstabelle mit folgendem Text.

Terminplan

1.1.11	Termin
Montag	Besuch bei Kunde Donald Duck wegen Antengeschäften
	Besuch bei Kunde Micky Mouse wegen Druckterminen
	Besuch bei Kunde Daniel Düsentrieb wegen Patentübernahme

➢ Formatieren Sie die Tabelle wie abgebildet.

➢ Probieren Sie anschließen, mit den Schnelltabellen ähnliche Ergebnisse zu erzielen: Einfügen-Tabelle-Schnelltabellen. Wenn nicht möglich, danach rückgängig.

19.5 Probleme bei Tabellen

Eine häufige Fehlerursache bei Tabellen ist folgende:

♦ Bei der Absatzeinstellung ist ein **Abstand vor oder nach dem Absatz** eingestellt.

   ↳ Dieser Abstand wird auch in Tabellen eingehalten, so dass der Text möglicherweise nicht mittig, sondern nach oben versetzt oder sogar abgeschnitten wird.

♦ Da die üblichen Texteinstellungen auch in einer Tabelle gelten, kann ein mit **genau** vorgegebener **Zeilenabstand** die Ursache sein, wenn Text nach dem Vergrößern der Schriftart abgeschnitten wird.

   ↳ Die gleiche Wirkung kann eine bei den Tabelleneigenschaften **fest vorgegebene Zeilenhöhe** verursachen.

♦ Abhilfe:

   ↳ Text markieren, dann auf der Karteikarte Start das **Absatzmenü** mit dem Erweiterungspfeil bei Absatz öffnen, dort

   ↳ den **Abstand vor/nach** auf 0 pt sowie den Zeilenabstand auf einfach zurücksetzen.

   ↳ Nützt dies nichts, bei Tabelleneigenschaften die Einstellungen kontrollieren.

> Ein **Absatzabstand** ist jedoch eine sehr gute Methode, um die Höhe einer Tabellenzeile ganz fein einzustellen. Einfach die ganze Tabelle markieren, dann wie zuvor beschrieben zum Absatz-Menü. Bitte merken, falls Sie den Abstand wieder verringern wollen!

19.6 Übung Tabulatoren und Tabellen

Hinweis: zuerst die Kopfzeile mit **Einfügen/Kopfzeile** öffnen, dort die erste Übung fertig stellen. Die zweite Übung in einer neuen Datei durchführen. Ist die Kopfzeile einmal geöffnet, kann mit Doppelklicken zwischen Kopfzeile und Text gewechselt werden.

19.6.1 Mit Tabulatoren und Linie

➢ Erstellen Sie folgenden Briefkopf, zuerst mit **Tabulatoren**:

Tabulator links	zentriert	rechts
GES. ZUR	VORSTAND:	AM RING 33
ERFORSCHUNG	DR. CHARLOTTE BEISPIEL	33333 MÜNCHEN
DER SPRACHE	PROF. DR. EGON WORT	TEL.: 089 / 33 33 33
IN DER LEHRE		FAX: 089 / 33 33 34

Hinweis: bei **Einfügen/Formen** finden Sie Linien, senkrechte oder waagerechte Linien lassen sich bei gedrückter [Umschalt]-Taste zeichnen.

19.6.2 Als Tabelle

GES. ZUR	VORSTAND:	AM RING 33
ERFORSCHUNG	DR. CHARLOTTE BEISPIEL	33333 MÜNCHEN
DER SPRACHE	PROF. DR. EGON WORT	TEL.: 089 / 33 33 33
IN DER LEHRE		FAX: 089 / 33 33 34

➢ **Dreispaltige Tabelle** in der Kopfzeile erstellen, Text schreiben (entweder mit neuer Zeile oder in neuen Tabellenzeilen), linksbündig, zentriert, rechtsbündig einstellen,

➢ Tabelle markieren, bei **rechte Maustaste/Rahmen und Schattierung** die Linie unten einstellen, andere Linien unsichtbar (Gitternetzlinien).

19.6.3 Ergänzen Sie einen Text unten in der Fußzeile

BANKVERBINDUNG	EINGETRAGENER VEREIN	AMTSGERICHT MÜNCHEN
BANK 11223	SPENDEN STEUERLICH	PR NR. 4566 666
BLZ 345345345	ABSETZBAR	GERICHTSSTAND IST
KT.: 123444		MÜNCHEN

➢ Stellen Sie die Briefvorlage mit Kopf- und Fußzeile sowie dem immer benötigten Text „Sehr geehrte Damen und Herren" fertig,

➢ dann die Ordner „Briefe/Geschäftlich" und „Briefe/Privat" erstellen und in „Briefe/Geschäftlich" speichern, anschließend drucken.

19.7 Übung Seite einrichten

Erstellen Sie folgenden Aufkleber für ein Marmeladenglas.

Pflaumenmus

selbstgemacht

aus frischen, besonders süßen Pflaumen.
Eingemacht nach uraltem Hausrezept.

Herkunftsland:	Omas Garten
Mind. haltbar bis:	11.2026
Zutaten:	Pflaumen, Zucker, Zitronensaft, Rum.

Unbeaufsichtigtes Naschen streng verboten!

Mit Tabulatoren möglich oder als Tabelle,
indem nach Fertigstellung die Tabellenlinien
ausgeblendet werden.

Die Besonderheiten dieser Übung:

➢ **Papierformat** ca. 9 cm breit und 6 cm hoch einstellen.

➢ Ein **Rahmen** um die ganze Seite mit schönen Bildchen wäre natürlich sehr passend (s. S. 60).

➢ Schöne **Schrift** und Schriftfarbe wählen.

➢ Gedruckt wird auf Selbstklebeetiketten oder normales Papier, das dann ausgeschnitten und aufgeklebt wird.

Zum Papierformat und Ausdrucken:

Die Möglichkeit, auf Etiketten zu drucken, wird im zweiten Band in dem Kapitel über Seriendruck ausführlich dargestellt. Vorerst diese einfachen Möglichkeiten:

◆ Bei Datei-Drucken können Sie links einstellen, dass zwei oder mehr Seiten auf ein Blatt gedruckt werden sollen.

☝ Oder ein DIN A4-Blatt vorher durchschneiden und auf DIN A5 drucken.

Fünfter Teil

Zum Schluss

WordArt, ein Brief, die Hilfe

20. WordArt Spezialeffekte

♦ Spezialeffekte wie in einem Grafikprogramm sind im Word schon lange mit der WordArt-Funktion möglich:

↳ Text mit Schatten, Schraffuren oder mit räumlicher Perspektive, natürlich in Farbe!

Und das Beste: die Bedienung ist kinderleicht. Darum mehr zur Entspannung und zum Abschluss dieses Buches ein erholsames Kapitel.

20.1 WordArt starten

➢ Beginnen Sie eine **neue Datei** und erzeugen Sie dort einige leere Absatzmarken. Sie finden das WordArt-Symbol auf der Karteikarte Einfügen in der Nähe der Schnellbausteine:

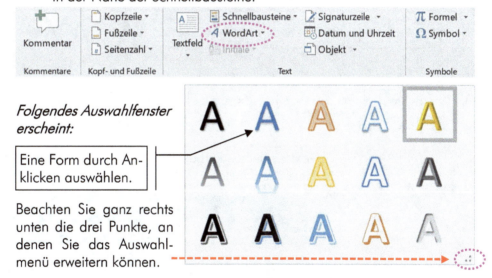

Folgendes Auswahlfenster erscheint:

Eine Form durch Anklicken auswählen.

Beachten Sie ganz rechts unten die drei Punkte, an denen Sie das Auswahlmenü erweitern können.

➢ **Wählen** Sie eine Form aus, die Ihnen gefällt und tragen Sie in dem erscheinenden Fenster den gewünschten **Text** ein, z.B.:

An diesem Hebel kann der Text sogar **gedreht** werden.

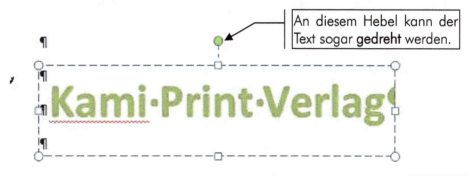

Fertig! Das Ergebnis leicht gedreht:

> Weil WordArt viel vom Rechner verlangt, sollten Sie es nur für wenige Wörter verwenden, keinesfalls für längere Texte!

20.2 WordArt einstellen

Jede Vorauswahl kann individuell eingestellt werden.

- ◆ Sie können dieses Objekt wie jede Grafik mit der Maus **verschieben** oder an den Anfasserpunkten in der Größe ändern.

- ◆ Sobald Sie das Objekt anklicken, kann es erneut bearbeitet werden. Besonders interessant sind die **Zeichentools**:

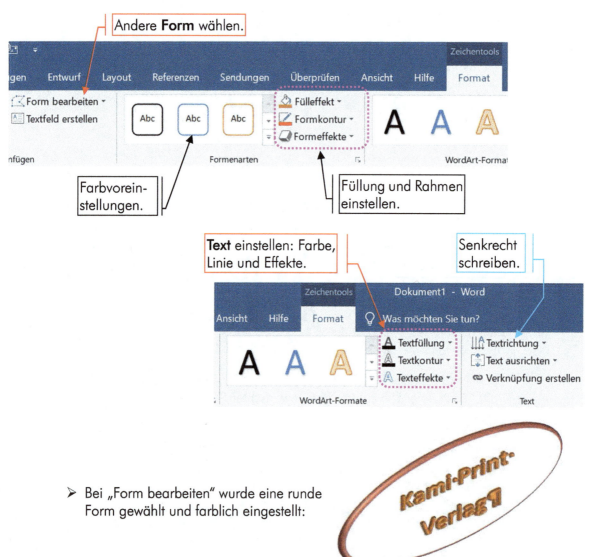

> ➤ Bei „Form bearbeiten" wurde eine runde Form gewählt und farblich eingestellt:

20.3 Farben und Schattierungen

➢ Beachten Sie, dass Sie auch bei den **Zeichentools** mit dem kleinen Er-weiterungspfeil jeweils vollständige Menüs öffnen können:

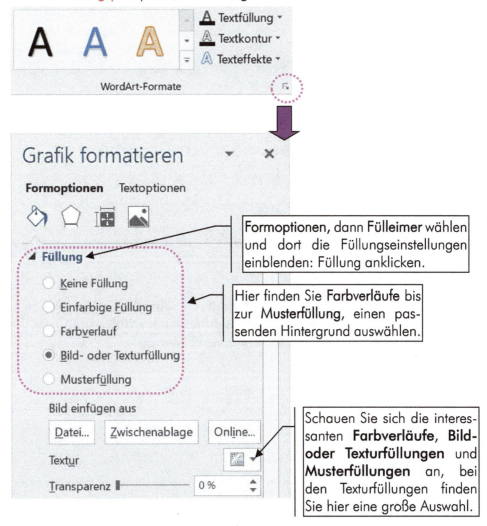

> Formoptionen, dann **Fülleimer** wählen und dort die Füllungseinstellungen einblenden: Füllung anklicken.

> Hier finden Sie **Farbverläufe** bis zur **Musterfüllung**, einen passenden Hintergrund auswählen.

> Schauen Sie sich die interessanten **Farbverläufe, Bild- oder Texturfüllungen** und **Musterfüllungen** an, bei den Texturfüllungen finden Sie hier eine große Auswahl.

Mit Farbverlauf für den Text und Füllung Holz für den Hintergrund:

- ♦ Bei jedem Fülleffekt können weitere Effekte auf den Hintergrund angewendet werden, z.B. einen leuchtenden Rand oder Schatten.

- ♦ Bei **Bild- oder Texturfüllung** könnte auch ein beliebiges Bild als Hintergrund verwendet werden.

20.4 Übung WordArt

Erstellen Sie mit Ihren Kenntnissen eine Anzeige:

Die Textform kann bei Texteffekte/Transformieren geändert werden.

Buchstaben

gegen Geld

Schreibarbeiten jeder Art übernimmt:

Text um 5 pt sperren.

Schreibbüro Adler

43 333 Obertypesettelbach

Tel.: (234) 45 3445

➢ Zum Rahmen: dies ist ein **hinterlegtes Rechteck** (Einfügen/Formen), dieses nach hinten gesetzt (rechte Maustaste darauf/hinter den Text), die WortArt-Grafik noch leicht transparent eingestellt.

Notizen: ....

....

....

....

....

....

....

....

....

....

....

....

....

....

....

....

....

....

....

20.5 WordArt spiegeln und drehen

Grafik? – mit WordArt super einfach.

➤ Schreiben und formatieren Sie folgenden Text mit WordArt:

➤ Hier wurde ein selbstgestalteter **Farb-verlauf** für den Hintergrund verwendet, indem mit Doppelklicken weitere Farb-punkte gesetzt wurden, für die dann eine Farbe gewählt wurde.

➤ Der Text erhielt bei **Textoptionen** eine Spiegelung nach unten.

Bei Texteffekte/Transformieren können Texte auch gedreht werden:

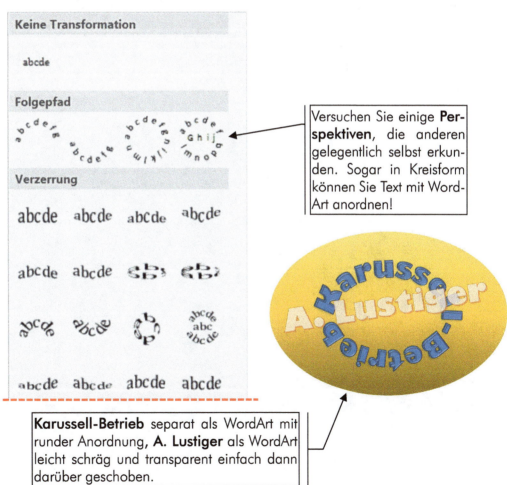

Versuchen Sie einige **Per-spektiven**, die anderen gelegentlich selbst erkun-den. Sogar in Kreisform können Sie Text mit Word-Art anordnen!

Karussell-Betrieb separat als WordArt mit runder Anordnung, **A. Lustiger** als WordArt leicht schräg und transparent einfach dann darüber geschoben.

21. Ein Brief

Die ersten Schritte in der Textverarbeitung haben wir hinter uns. Und damit es praxisnah weitergeht, folgt ein richtiger **Geschäftsbrief**, den wir natürlich mit einem WordArt-Logo verschönern können.

> Neue Datei, DIN A4 mit je 2,5 cm Seitenrand.

Der fertige Brief sollte ähnlich wie abgebildet aussehen:

Walter Muster ☺ Dornenallee 33 ☺ 98543 Musterstadt
Tel.: 467 / 467 67 00 ☺ Fax: 467 / 467 67 11¶

¶
¶
¶
¶

Walter Muster ☺ Dornenallee 33 ☺ 98543 Musterstadt¶
Albert Keiner↵
Luftstr. 30↵
↵
81999 Nirgendwo¶

München, den 25. Oktober 2024¶

Sehr geehrter Herr Keiner, ↵
vielen Dank für Ihr Interesse an unserer vollelektronischen Gefrierkühltruhe mit automatischer Spracherkennung und Tiefschlafsparmodus einschließlich Nachtstummschaltung und Internet-Anschluss inkl. Auffüllautomatik. ¶

Kinderschutztieffach mit Ausgabesicherung, Entnahmezählvorrichtung und Türschließautomatik gehören zu den Standards. ¶

Gemäß Ihrer telefonischen Anfrage teile ich Ihnen unsere aktuellen Mengenrabatte für den Großhandel mit. ¶

Friero Quassel FQ 3998		
Menge	Preis	Rabatt
1 bis 3	1.389,-	0 %
4 bis 10	1.156,-	20 %
11 bis 100	956,-	40 %

zzgl. 19 % MwSt. und Versandpauschale von 20 €¶

¶

Mit freundlichen Grüßen¶

21.1 Absatzmarken auf Vorrat

Bei jedem neuen Text zweckmäßig:

- ♦ Sie haben eine leere Absatzmarke.
  - ✎ Schnell sind deren Einstellungen verändert.
  - ✎ Erzeugen Sie darum mit [Return] einige **leere Absatzmarken**, damit die Originaleinstellungen vorrätig bleiben.
- ♦ Kontrollieren Sie, ob die Ansicht **Drucklayout** eingeschaltet ist und
- ♦ wählen Sie eine günstige Zoom-Stufe, günstig ist **Seitenbreite** oder auf großen Monitoren ab 22" zwei Seiten.

21.2 Der Briefkopf in der Kopfzeile

Die **Kopfzeile** ist ein Bereich am oberen Rand der Seite, der zum einen beim Bearbeiten des Textes nicht verändert werden kann und der zum anderen auf jeder weiteren Seite automatisch mitgedruckt wird.

Darum eignet sich die Kopfzeile sehr gut für einen Briefkopf, der ja bei jedem neuen Brief unverändert mit gedruckt werden soll, so als ob wir auf bereits vorbedrucktes Briefpapier drucken würden. Gleiches gilt für die **Fußzeile**, in die bei einem Brief z.B. oft die Bankverbindung gesetzt wird, bei einem Buch sind dort meist die Seitenzahlen zu finden.

- ➢ Wählen Sie auf der Karteikarte **Einfügen** die Schaltfläche **Kopfzeile**, dann die oberste leere Kopfzeile, um diese erstmalig zu öffnen.
- ➢ Schreiben Sie Ihre Adresse oder die Beispieladresse mit den Symbolen und dem WordArt-Logo als Briefkopf in die Kopfzeile:

Walter Muster ☺ Dornenallee 33 ☺ 98543 Musterstadt↵
Tel.: 123 / 4 67 67 00 ☺ Fax: 123 / 4 67 67 11 ¶

W. MUSTER

- ➢ Formatieren Sie den Text folgendermaßen: linksbündig, kleine Schrift mit 11 Punkten, andere Farbe.
- ➢ Den **Pfeil** als AutoForm einfügen, mit einem Farbverlauf versehen und hinter den Text setzten (rechte Maustaste/in den Hintergrund).

> Wenn die Kopfzeile einmal geöffnet wurde, können Sie mit Doppelklicken auf dem Textbereich zu diesem wechseln und mit Doppelklicken auf der Kopfzeile diese erneut öffnen. **Achtung!** Wenn Sie nachträglich eine andere Kopfzeilen-Voreinstellung bei der Schaltfläche Kopfzeile wählen, wird der vorhandene Text in der Kopfzeile gelöscht. Ggf. den Text zuerst kopieren, Kopfzeile ändern, dann Text zurückkopieren.

Mehr über die Kopf- und Fußzeilen folgt im zweiten Band zu MS Word, etwa wie Seitenzahlen eingefügt werden oder wie verschiedene Kopfzeilen eingerichtet werden können.

21.3 Die Adresse

➢ Den Abstand zwischen Briefkopf und Anschrift erzeugen wir ganz einfach mit einigen **leeren Absatzmarken**.

➢ Kopieren Sie den **Absender** aus der Kopfzeile und formatieren Sie schön klein: 8 pt, linksbündig, kursiv, unterstrichen.

Walter Muster ☺ Dornenallee 33 ☺ 98543 Musterstadt ¶

➢ Darunter folgt nun die Anschrift:

Albert Keiner ↵	*[Zeilenschaltung Umschalt-Return]*
Luftstr. 30 ↵	*[Zeilenschaltung Umschalt-Return]*
↵	*[Zeilenschaltung Umschalt-Return]*
81999 Nirgendwo¶	*[Absatzmarke mit Return]*

➢ Durch die Zeilenschaltungen ist es von „Albert Keiner" bis „Nirgendwo" ein Absatz. Bitte folgendermaßen einstellen:

☞ linksbündig, Zeilenabstand eineinhalbzeilig, Schriftgröße 12 pt.

21.4 Datum einfügen

Als nächstes folgt das Datum.

➢ **Rechtsbündig** schreiben:

München,·den·¶¶

Geht ganz einfach mit:

➢ Karteikarte **Einfügen/Datum und Uhrzeit**:

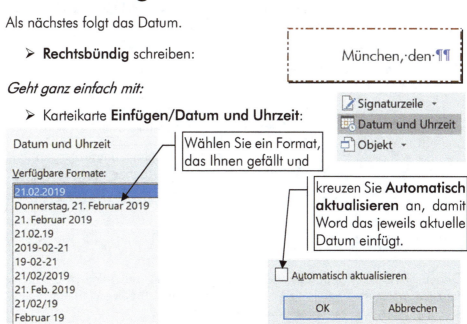

Wählen Sie ein Format, das Ihnen gefällt und

kreuzen Sie **Automatisch aktualisieren** an, damit Word das jeweils aktuelle Datum einfügt.

Informationen zum automatisch eingefügten Datum:

♦ Beim nächsten Brief werden Sie diesen als Vorlage benutzen und mit **Speichern unter** nur unter einem neuen Namen abspeichern.

☞ Adresse geändert, Text leicht angepasst, schon fertig, gedruckt und – Datum falsch. Damit Ihnen das nicht passiert, kann Word veranlasst werden, das eingefügte Datum bei jedem Ausdruck zu aktualisieren.

> Diese Funktion sollten Sie nicht verwenden, wenn Sie das Datum später kontrollieren möchten, z.B. bei Rechnungen.

21.5 Der Brieftext

> ➢ Den Text können Sie nun schreiben wie auf Seite 111 abgebildet.
>
> > ↳ Überlassen Sie dem Computer den Zeilenumbruch, lediglich am Ende eines Absatzes Return drücken!

Hinweise zu den Einstellungen:

> ➢ Bitte noch die Tabelle **schreiben** und einstellen.
>
> ➢ **Formatieren** Sie den Text folgendermaßen: Schrift: 12 Punkte, Absatz: Zeilenabstand 1,5-zeilig, Abstand vor und nach dem Absatz: 6pt.
>
> ➢ Unbedingt die automatische **Silbentrennung** einschalten!

Der Schluss fehlt noch:

zzgl. 19 % MwSt. und Versandpauschale von 20 €¶

Mit freundlichen Grüßen¶

> ➢ **Rechtsbündig** und klein mit **7 Punkten** Schriftgröße formatieren.
>
> ➢ **7 Punkte**? Diese Schriftgröße können Sie zwar nicht aus der Liste auswählen, aber in das Schriftgrößen-Auswahlfenster eintragen:
>
> > ↳ die ganze Zeile markieren,
> >
> > ↳ dann im Schriftgrößen-Auswahlfenster **7** schreiben
> >
> > ↳ und mit Return abschließen.

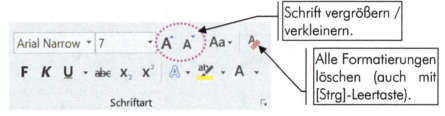

Schrift vergrößern / verkleinern.

Alle Formatierungen löschen (auch mit [Strg]-Leertaste).

21.6 Die Fußzeile

Öffnen Sie durch doppelklicken die Kopfzeile, dann ganz einfach unten die Fußzeile anklicken und dort den üblichen Text, eine Bankverbindung, eintragen, z.B. mit einem **rechtsbündigen Tabulator**:

HAUSBANK MÜNCHEN   MUSTERLAND GMBH
BLZ 11 22 33 22 11   GERICHTSSTAND IST MÜNCHEN
KT.-NR.: 66 55 66 77

21.7 Neue Briefe

Bei jedem neuen Brief diesen öffnen, mittels **Speichern unter** eine Kopie erstellen und nur den Text sowie die Adresse anpassen - eine wesentlich einfachere Methode als mit den Dokumentvorlagen.

21.8 Brief nach DIN

Für geschäftliche Korrespondenz gibt es die DIN 5008[3] (Deutsche Industrie Norm), aus der wir hier die wichtigsten Regeln zusammengestellt haben.

- ♦ In einem neuen Dokument entsprechend der DIN-Vorschrift 5008 links 2,41 cm, rechts und unten 2 cm Seitenrand einstellen.
  - ↪ Den Briefkopf könnten Sie in der Kopfzeile eintragen, um diesen vor unbeabsichtigten Änderungen zu schützen.
  - ↪ Dann würden Sie bei **Layout-Seitenränder-benutzerdefinierte…** auf der Karteikarte Layout für die Kopfzeile **1,69 cm** eintragen und als oberer Seitenrand **4,5 cm** für den Absender.
- ♦ Mit kleiner Schrift und Trennlinie die **Absenderadresse** über dem Bereich für die Adresse, damit der Brief ggf. zurückkommen kann.

Die korrekte Anschrift:

An eine Person:	An eine Firma:
1. Versendungsform	1. Versendungsform
2.	2.
3. Anrede, Titel	3. Firma
4. Name, Firma	4. Abteilung
5. Straße, Postfach	5. Ansprechpartner
6.	6. Straße, Postfach
7. Landeskürzel, PLZ und Ort	7.
8.	8. Landeskürzel, PLZ und Ort
9. Land	9. Land

2,41 cm

1,69 cm

Der Aufbau:

Briefkopf mit **Absender**
(1,69 cm von oben)

Absenderangabe klein über der Anschrift -

4,5 bis 9 cm

Anschrift (Anordnung siehe oben)
dieser Adressblock muss in das Sichtfenster des
Briefumschlags passen, darum
Höhe: 4,5 bis 9 cm, Breite: bis 8,5 cm.

Ihre Nachricht vom   Unsere Nachricht vom   Durchwahl, Name   Datum (Bezugszeichenzeile)

Betreffzeile ohne „Betreff"

Sehr geehrte Damen und Herren,

Brieftext, klar formuliert, mit Leerzeilen zur Strukturierung.

Mit freundlichen Grüßen (darunter Unterschrift)

Anlage(n): (falls vorhanden)

Detaillierte Informationen sowie Vorlagen mit Maßangaben (Form A und Form B) finden Sie bei www.wikipedia.de, in dem Sie dort nach DIN 5008 suchen.

---

[3] http://de.wikipedia.org/wiki/DIN_5008

21.9 Vorschau

Im zweiten Buch geht es an längere Texte:

- Deshalb werden die **Formatvorlagen** hilfreich, mit denen lange Texte rationell formatiert werden können.

- Und bei längeren Dokumenten sollte eine **Kopfzeile**, die **Seitennummerierung** und ein **Inhaltsverzeichnis** nicht fehlen.

- Außerdem werden viele praktische Funktionen behandelt, z.B.:
  - **Suchen** und Ersetzen,
  - mehrere **Spalten**,
  - erweiterte **Tabellenfunktionen**,
  - wie neue Symbole oder Tastaturabkürzungen eingerichtet werden können,
  - **Bilder** einfügen sowie die Funktion im Word zum Zeichnen usw.

- Dann ist es an der Zeit, **Serienbriefe, Etiketten** und Briefumschläge zu drucken.
  - Da Serienbriefe und Etiketten auch den Umgang mit einer Datenbank erfordern, ist diese Funktion im zweiten Band richtig aufgehoben und kann dort mit vielen Übungen gründlich besprochen werden.

Das dritte Buch* ist für Profis,

beziehungsweise für solche, die es werden wollen, gedacht. Denn Word kann inzwischen fast alles wie ein gutes Computersatz-Programm.

- Wie Sie Broschüren, Vereinszeitungen, Werbedokumentationen oder richtige Bücher mit Word erstellen, lernen Sie hier.

- Dabei ist es kein Problem, beliebig viele **Bilder**, Tabellen, Grafiken oder Spalten einzufügen.

- Auch **drucktechnische Standards** wie die Unterschneidung oder lebende Kopfzeilen sind mit Word machbar.

- Außerdem werden wir im dritten Band ein **Stichwortverzeichnis** ergänzen und

- für ein perfektes, druckreifes Aussehen der Dokumente erläutern, wie unterschiedliche **Kopf- oder Fußzeilen** in einem Buch oder Heft eingerichtet werden können.

Sonderausgaben zu MS Word:

- Serienbriefe, Etiketten und Briefumschläge mit MS Word.
  - Diese Themen werden im zweiten und dritten Band ausführlich behandelt. In der Sonderausgabe ist der Stoff zusammengestellt und mit weiteren Übungen ergänzt.

- In unserem Homepage-Buch (aktuell nicht lieferbar) wird vorgestellt, wie mit Word 2019 Internet-Seiten ohne HTML-Kenntnisse erstellt werden können.

22. Index

23. Übersicht

Starten, Fenster, Cursor:

- Start/Programme-…,

- Hintergrund/Voll-
  bild/Beenden,

- Formatieren = Text einstellen,

- zuerst anklicken oder markieren,

- löschen mit [Rück]- oder [Entf]-Taste,

- Wörter umstellen:
  - markieren mit Doppelklicken, wegziehen.

Dateien öffnen und speichern:

- bei **Datei**: Neu, Öffnen,
  als Symbol: Speichern,

- in **Ordner** + Unterordner aufgeräumt speichern, diesen Ordner und das verwendete
  Laufwerk am besten MERKEN!

- Auf geeignetes **Sicherungsmedium**, z.B.
  Wechselfestplatte, regelmäßig sichern.

- **Dateiendungen** von Word:
  - docx = document = Text (früher doc), dot
    = document layout = Dokumentvorlage,

- markieren und [Entf] zum **Löschen**,

- Doppelklicken startet, zweimal mit Pause klicken ermöglicht **Umbenennen** von Dateien
  oder Ordnern.

Formatieren:

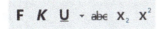

- entweder **Symbole** bei Start, die Erweite-
  rungspfeile für komplette Menüs oder

- rechte Maustaste auf gewünschtem Text,
  dann aus der erscheinenden Symbolleiste.

- **Schriftart:** Schriftart oder -größe, GROSS-
  BUCHSTABEN oder KAPITÄLCHEN, doppelt
  unterstrichen, Farbe …

- **Absatz:** Zeilenabstand, Abstand vor oder
  nach, links oder rechts einrücken, Ausrichtung ändern usw.

Layout, Silbentrennung, Rechtschreibprüfung:

- **Layout:** Papierformat, Ränder …

- die **Silbentrennung** finden Sie bei Seiten-
  layout-Silbentrennung,
  - [Strg]-[Bindestrich] für den manuellen
    Trennstrich,

- rot unterstrichene Wörter = automatische
  Rechtschreibprüfung: rechte Maustaste
  darauf, korrigieren oder hinzufügen.

Drucken:

- **Drucken** mit [Strg]-P für print oder Datei-
  Drucken:
  - Druckereigenschaften: diesen einstellen,
  - Einstellungen: Word einstellen.

Nützliche Effekte:

- Einfügen/**Symbol** oder mit [Alt Gr]: 5^2, @,
  [], {} oder mit Akzent: é è,

- spezielle **Schriften**: dicke Schrift, Handschriften,

- Sperren/Stauchen bei Start-Schriftart-Erwei-
  terungspfeil auf der Karteikarte Erweitert,

- Nummerierter Absatz, Aufzählung, Einzug
  gleich bei Start mittels dieser Symbole:

Rahmen und Schattierung:

- Bei **Start/Rahmensymbol** und dort ganz unten in der Abrollliste „Rahmen und Schattierung" wählen.
  - Oder direkt beim Rahmensymbol eine der Voreinstellungen wählen, um z.B. nur eine Linie auf der linken Seite statt einem kompletten Rahmen zu setzen.
- Bei der Karteikarte **Schattierung** kann Text farbig hinterlegt werden.
  - Bei Tintenstrahldruckern keine Farbe wählen, sondern besser einen prozentualen Farbwert mit ca. 20%, da sonst die Farbe und der Text verläuft.

Word einstellen:

- **Datei/Optionen**, um Word einzustellen,
  - bei Speichern kann der Speicherort für Dokumente voreingestellt werden.
  - Shortcuts vergeben bei Menüband Anpassen.
  - Der Schnellzugriffs-Symbolleiste können hier auch weiter Symbole hinzugefügt werden.

WordArt, übertragen, Tabellen:

- **Format übertragen**:
  - einmal übertragen mit einmal Symbol anklicken
  - oder mit Doppelklicken auf Symbol mehrfach.
- **Schnellbausteine**:
  - schreiben, markieren, Einfügen/Schnellbausteine/Auswahl … speichern oder **[Alt]-[F3]**, damit der Eintrag gespeichert ist,
  - Anfang schreiben, mit **[F3]** bestätigen.
  - Oder als AutoText, damit automatisch beim Schreiben der Textvorschlag eingeblendet wird.
- **Tabulatoren**:
  - immer links anfangen,
  - im Lineal setzen, verschieben, löschen,
  - linksbündig, zentriert, rechtsbündig, dezimal oder senkrecht wählen.
- **Tabellen** (bei Einfügen):
  - mit **Symbol** einfügen,

- Zeile oder Spalte markieren, rechte Maustaste darüber und hinzufügen, verschieben oder löschen,
- Voreinstellung oder manuell mit Rahmen und Schattierung gestalten,
- sortieren nach Name, Datum usw. durch Klicken auf Spaltenüberschrift möglich.
- **WordArt:**
  - mit Symbol im Einfügen-Menü erstellen,
  - und über die WordArt-Symbolleiste ändern.

Brief:

- Einfügen/**Datum** und Uhrzeit,
- Brief einmal als Vorlage schön einstellen, dann immer mit **Speichern unter** kopieren und nur den Text ändern.
- Brief nach DIN – Anschrift passt ins Sichtfenster eines DIN-lang Briefumschlages.

Kopieren, -Löschen, -Umbenennen im Start-Menü:

- mit **[Strg]-X, C, V** Ausschneiden, Kopieren, Einfügen oder Symbole benutzen,
- markieren und [Entf] zum **Löschen**,
- Mit diesen Shortcuts und [Entf] können bei **Datei/Öffnen oder Speichern** auch Dateien umbenannt, kopiert oder gelöscht werden:
  - Doppelklicken startet, zweimal mit Pause klicken zum **Umbenennen** von Dateien oder Ordnern, [Entf] löscht die markierte Datei.

Standard-Shortcuts:

[Strg]-n	Neuen Text	[Strg]-x	Ausschneiden
[Strg]-o	Text öffnen	[Strg]-c	Kopieren
[Strg]-s	Speichern	[Strg]-v	Einfügen
[Strg]-p	Drucken		
[Strg]-z	Rückgängig	F1 oder ?	Hilfe

Einige weitere Tasten und Shortcuts:

Tasten:

[Esc]	Escape: fliehen, ohne Änderung abbrechen, ideale Notfalltaste.
[Rück]	Nach links löschen.
[Entf]	Nach rechts löschen.
[Alt], [Strg]	Sondertasten für Kürzel, z.B. [Strg]-s für Speichern.
[Alt Gr]	^{2} ^{3} { } [ ] \ | @
[Tab]	Tabulatoren zum Einrücken von Text.

Absatz und Zeile:

[Umschalt]	Großbuchstaben schreiben.
[Return]	Neuer Absatz.
[Umschalt]-[Return]	Neue Zeile im gleichen Absatz.
[Strg]-[Return]	Seitenwechsel einfügen.
[Strg]-[Leertaste]	Setzt Schrifteinstellungen auf die Standardwerte zurück.

Im Text bewegen:

[Strg]-[Pos 1]	Zum Anfang.
[Strg]-[Ende]	Zum Ende des Textes.
[Strg]-g	Gehe zu.
[Strg]-f	Suchen (f für engl. find).

Markieren mit gedrückter Maus oder mit den Tasten:

[Umschalt] -Richtungstasten -Bildtasten	Markieren (von der aktuellen Cursorposition aus). Die Markierung kann bei gedrückter [Umschalt]-Taste auch reduziert werden.
[Strg]-[Umschalt]-[Pos 1] / [Ende]	Von der aktuellen Cursorposition bis zum Textanfang, bzw. -ende markieren.
[Strg]-A	Alles markieren.

Silbentrennung:

[Strg]-Bindestrich	Manuelle Silbentrennung.